Principios básicos de la función sindical. CTRH0006

José Manuel Rivera Cuello

Principios básicos de la función sindical. CTRH0006
© José Manuel Rivera Cuello

1ª Edición

© IC Editorial, 2025

Editado por: IC Editorial
c/ Cueva de Viera, 2, Local 3
Centro Negocios CADI
29200 Antequera (Málaga)
Teléfono: 952 70 60 04
Fax: 952 84 55 03
Correo electrónico: iceditorial@iceditorial.com
Internet: www.iceditorial.com

ISBN: 979-13-7027-059-9
Depósito Legal: MA 1692-2025

Impresión: PODiPrint
Impreso en Andalucía – España

Nota de la editorial: IC Editorial pertenece a Innovación y Cualificación S. L.

Especialidad formativa

Se entiende por especialidad formativa la agrupación de contenidos, competencias profesionales y especificaciones técnicas que responde a un conjunto de actividades de trabajo enmarcadas en una fase del proceso de producción y con funciones afines.

Las especialidades formativas de Uso General, Formación Complementaria, Formación Modular y las especialidades formativas dirigidas a la obtención de certificados de profesionalidad se incluyen en el Fichero de Especialidades del Servicio Público de Empleo Estatal para su gestión en todo el territorio nacional por cualquier Administración competente.

Las especialidades complementarias, pertenecen todas a la Familia profesional de Formación Complementaria (FCO) y tienen la consideración de formación transversal en áreas que se consideran prioritarias tanto en el marco de la Estrategia Europea para el Empleo y del Sistema Nacional de Empleo como en las directrices establecidas por la Unión Europea. Se consideran áreas prioritarias las relativas a tecnologías de la información y la comunicación, la prevención de riesgos laborales, la sensibilización en medio ambiente, la promoción de la igualdad, la orientación profesional y aquellas otras que se establezcan por la Administración competente.

Las especialidades de Certificado de profesionalidad tienen una duración especificada en su normativa reguladora.

En el resultado de la búsqueda, se muestran las unidades de competencia, todos los módulos formativos con su duración y las unidades formativas del certificado correspondiente, con su duración. Las horas del certificado, exclusivo de las especialidades de certificado de profesionalidad, con alta igual o superior a 2008, son las horas totales más las horas del módulo de Prácticas Profesionales no Laborales.

- **Si la especialidad tiene unidades formativas,** las horas totales, presencial, distancia, teleformación serán igual a la suma de esas horas de las unidades formativas de los distintos módulos, sin que se repita ninguna Unidad formativa.

⮞ **Si la especialidad no tiene unidades formativas,** las horas totales, presencial, distancia, teleformación serán igual a las sumas de esas horas de los módulos formativos, eliminando las horas de los módulos repetidos.

https://sede.sepe.gob.es/especialidadesformativas/RXBuscadorEFRED/BusquedaEspecialidades.do

(Fuente: Servicio Público de Empleo Estatal)

Índice

OBJETIVOS GENERALES

Los objetivos generales de **Principios básicos de la función sindical. CTRH0006,** son:

- Identificar la importancia de la función social de los sindicatos, así como su presencia en las organizaciones empresariales.
- Definir los conceptos básicos de la organización sindical en la organización, su representación, sus derechos y sus competencias, garantizando el control del cumplimiento de la legislación en materia de contratación laboral, salarial y de la igualdad.
- Definir los conceptos y las actuaciones sindicales dentro y fuera de la organización, entendiendo las ventajas de la negociación colectiva por encima de la individual, sus formas de lucha y de movilización.
- Aplicar las herramientas de intervención sindical en salud laboral.

La organización sindical en la empresa y el control básico del cumplimiento de la legislación

Contenido

1. Introducción
2. Definición de un sistema dual
3. La representación unitaria de las personas trabajadoras
4. Aplicación del control básico del cumplimiento de la legislación referente a contratación, salario e igualdad
5. Resumen

Objetivos

El objetivo general de esta Unidad de Aprendizaje es:

→ Definir los conceptos básicos de la organización sindical en la organización, su representación, sus derechos y sus competencias, garantizando el control del cumplimiento de la legislación en materia de contratación laboral, salarial y de la igualdad.

Los objetivos específicos de esta Unidad de Aprendizaje son:

→ Identificar la estructura y el funcionamiento de los sindicatos, analizando su rol en la representación y defensa de los derechos laborales.

→ Analizar la importancia del control sindical en la aplicación de la normativa laboral, evaluando cómo se supervisa la contratación, la equidad salarial y la igualdad de género.

→ Evaluar casos prácticos de intervención sindical, reflexionando sobre cómo los sindicatos mejoran las condiciones laborales y fomentan un entorno organizacional más justo e inclusivo.

→ Analizar de manera detallada un aspecto de la organización sindical en la empresa y los mecanismos de control del cumplimiento de la legislación laboral.

1. Introducción

La organización sindical en la empresa y el control del cumplimiento de la legislación son pilares fundamentales del entorno laboral actual. Los sindicatos representan la voz colectiva de los trabajadores, facilitando el diálogo con la empresa para garantizar condiciones justas y equitativas. Además de su papel en la representación, también desempeñan una función clave en la supervisión del cumplimiento de la legislación laboral, asegurando que aspectos como la contratación, el salario y la igualdad sean respetados.

Un sistema sindical sólido no solo protege los derechos laborales, sino que también fomenta una cultura organizacional basada en la inclusión y la equidad de género. Ejemplos concretos demuestran cómo la mediación sindical ha permitido mejoras en salarios, igualdad de oportunidades y condiciones laborales.

En esta unidad, exploraremos la función sindical dentro de la empresa y su papel en la supervisión del cumplimiento normativo. Analizaremos sus componentes clave y su impacto en el bienestar laboral y la sostenibilidad empresarial.

Para comprender mejor la importancia de la organización sindical en la empresa, nos basaremos en el caso de Laura, una trabajadora del sector industrial que, al notar desigualdades salariales y falta de medidas de seguridad en su empresa, decide acudir al comité de empresa en busca de apoyo. A lo largo del temario, de las unidades, veremos cómo la intervención sindical influye en la resolución de estos problemas y en la mejora de las condiciones laborales, adaptando su experiencia a cada aspecto del contenido.

2. Definición de un sistema dual

 **HILO CONDUCTOR**

Después de su conversación con Carlos, el delegado sindical, Laura comienza a entender la importancia de la organización sindical en su empresa. Sin embargo, uno de los temas que más le preocupa es la gestión de los turnos y los horarios de trabajo, ya que ha notado que algunos compañeros tienen jornadas excesivas y descansos irregulares.

Continúa en página siguiente >>

<< Viene de página anterior

Carlos le explica que en su empresa se está intentando aplicar un sistema dual, un modelo que busca equilibrar la jornada laboral con los descansos y adaptar los horarios a las necesidades de los trabajadores sin afectar la productividad de la empresa. A medida que avance el temario, veremos cómo este sistema puede ayudar a resolver los problemas que enfrenta Laura y qué mecanismos existen para garantizar su correcta implementación.

En el entorno laboral, garantizar un equilibrio entre la jornada de trabajo y el descanso es clave para proteger los derechos de los trabajadores sin afectar la productividad empresarial. El **sistema dual** surge como una solución para armonizar estos aspectos, estableciendo un marco que regula la duración de la jornada y los periodos de descanso mediante acuerdos entre sindicatos y empresas.

 IMPORTANTE

Este modelo permite adaptar las condiciones laborales a las necesidades del personal sin comprometer la eficiencia operativa, promoviendo un ambiente de trabajo más justo y equilibrado.

El **sistema dual** es una herramienta clave para garantizar el cumplimiento de la normativa laboral, equilibrando los derechos de los trabajadores con la eficiencia empresarial. Su principal función es **armonizar** la jornada laboral y los descansos mediante acuerdos entre sindicatos y empresas, asegurando condiciones justas sin comprometer la productividad.

Un elemento fundamental de este sistema es la **negociación colectiva,** mediante la cual sindicatos y empleadores establecen horarios adaptados a las necesidades del entorno laboral, regulando aspectos como turnos rotativos, descansos adecuados y flexibilidad laboral. En sectores con trabajo por turnos, como la industria y los servicios, su implementación mejora el bienestar de los empleados, reduciendo fatiga y aumentando la productividad.

Además, el **uso de tecnología** facilita la gestión de turnos y el monitoreo del cumplimiento de horarios, mientras que la revisión periódica de los acuerdos permite su actualización conforme evolucionan las condiciones laborales.

IMPORTANTE

El sistema dual no solo protege los derechos laborales, sino que también aporta ventajas competitivas a la empresa. Un equilibrio entre bienestar y productividad mejora el clima laboral, reduce la rotación de personal y refuerza el compromiso organizacional.

RECUERDA

El sistema dual se define como un acuerdo colaborativo y dinámico dentro de la estructura laboral de una empresa que prioriza el cumplimiento legal, el bienestar de los empleados y la eficiencia organizacional. Esta armonización, lograda por medio de la negociación y el diálogo entre los actores involucrados, establece un precedente para el futuro de las relaciones laborales, asegurando que estas se desarrollen de manera justa y equitativa en todos los niveles.

2.1. La sección sindical y la persona delegada sindical

La sección sindical y la figura de la persona delegada sindical son dos elementos cruciales dentro de la organización sindical en la empresa, elementos cuya existencia y funcionamiento están directamente ligados al cumplimiento de la normativa laboral vigente. Para entender su rol, primero debemos examinar qué son exactamente las **secciones sindicales** y cómo operan las personas delegadas sindicales en el ámbito corporativo, así como la relevancia que ambos tienen en el contexto del liderazgo y la representación de los intereses de los trabajadores.

DEFINICIÓN

Sección sindical

La sección sindical es una agrupación de trabajadores en una empresa que han decidido organizarse bajo el amparo de un sindicato específico. La capacidad para formar una sección sindical está generalmente reconocida en la legislación laboral como un derecho de los trabajadores, permitido siempre que se cumplan ciertos criterios en relación con el número mínimo de trabajadores, que varía según el país o la legislación interna de la empresa.

Objetivo y operativa de la sección sindical

El objetivo principal de una sección sindical es representar y defender los intereses de los trabajadores afiliados al sindicato en las relaciones laborales ante la dirección de la empresa. Esto incluye:

⮞ **Participar en negociaciones colectivas:** la negociación colectiva es el proceso mediante el cual los representantes de los trabajadores y los empleadores acuerdan condiciones laborales, salariales y de bienestar dentro de una empresa o sector. Su objetivo es establecer un equilibrio entre los derechos de los empleados y las necesidades organizativas, garantizando condiciones justas y equitativas.
A través de la negociación colectiva, se pueden regular aspectos como la jornada laboral, los salarios, las medidas de conciliación, la seguridad en el trabajo y otros derechos fundamentales. Este proceso se formaliza en convenios colectivos, acuerdos que tienen fuerza legal y establecen compromisos entre ambas partes.

⮞ **Presentar reclamaciones relacionadas con condiciones de trabajo:** los trabajadores tienen el derecho de presentar reclamaciones cuando consideran que sus condiciones laborales no cumplen con la normativa vigente o los acuerdos establecidos en la negociación colectiva. Estas reclamaciones pueden estar relacionadas con salarios, jornadas, descansos, seguridad laboral o igualdad de trato.
Para que una reclamación sea efectiva, es recomendable canalizarla a través de los representantes sindicales o el comité de empresa, quienes pueden mediar con la dirección y garantizar que se respeten los derechos laborales. En caso de no obtener una solución interna, se pueden recurrir a instancias legales o a la Inspección de Trabajo.

- ⮑ **Velar por el cumplimiento de los derechos laborales y los acuerdos colectivos:** garantizar que las condiciones de trabajo respeten la normativa laboral y los acuerdos alcanzados en la **negociación colectiva** es una de las funciones clave de los representantes sindicales. Su labor consiste en supervisar que se cumplan aspectos como **salarios, jornadas, seguridad laboral e igualdad de oportunidades,** interviniendo cuando se detectan incumplimientos.

  Para ello pueden realizar **inspecciones, presentar reclamaciones o negociar mejoras** con la dirección de la empresa. Su acción es fundamental para proteger los derechos de los trabajadores y mantener un ambiente laboral justo y equilibrado.

La operativa de una sección sindical incluye:

- ⮑ **La convocatoria de reuniones:** las reuniones sindicales son un pilar fundamental en la representación laboral, ya que permiten a los trabajadores y sus representantes debatir problemáticas, organizar acciones y tomar decisiones en defensa de sus derechos. Los sindicatos y comités de empresa tienen el derecho de convocar reuniones periódicas, ya sea para informar sobre negociaciones colectivas, coordinar estrategias o atender reclamaciones laborales. Estas reuniones pueden realizarse dentro o fuera del horario laboral, dependiendo de lo establecido en los convenios y la legislación vigente. Su correcta planificación garantiza una comunicación efectiva y una representación sindical sólida.
- ⮑ **La formulación de propuestas de mejora de las condiciones laborales:** uno de los principales roles de los representantes sindicales es proponer mejoras en las condiciones de trabajo para garantizar un entorno laboral más justo y eficiente. Estas propuestas pueden abordar aspectos como salarios, jornadas laborales, conciliación, seguridad y salud en el trabajo, igualdad de oportunidades y estabilidad laboral. Las mejoras pueden ser presentadas en el marco de la negociación colectiva o como iniciativas específicas dirigidas a la empresa. A través del diálogo y la mediación, estas propuestas buscan beneficiar tanto a los trabajadores como a la organización, promoviendo un clima laboral positivo y productivo.
- ⮑ **La organización de acciones colectivas en defensa de los derechos de los trabajadores:** cuando los derechos laborales se ven comprometidos, los sindicatos y representantes de los trabajadores pueden organizar acciones colectivas para exigir su cumplimiento. Estas acciones pueden incluir asambleas, manifestaciones, huelgas o concentraciones, siempre dentro del marco legal. El objetivo es visibilizar problemáticas, presionar para lograr mejoras y defender intereses comunes ante la empresa o las autoridades laborales. La coordinación y unidad de los trabajadores en estas acciones fortalece la capacidad de negociación y refuerza la protección de sus derechos.

Estas actividades son esenciales no solo para fortalecer el vínculo entre los trabajadores y la representación sindical, sino también para garantizar que los procesos laborales cumplan con la legislación en vigor.

Derechos de las secciones sindicales

Legalmente, las secciones sindicales tienen derechos específicos que les permiten operar de manera efectiva dentro de una empresa. Estos derechos incluyen:

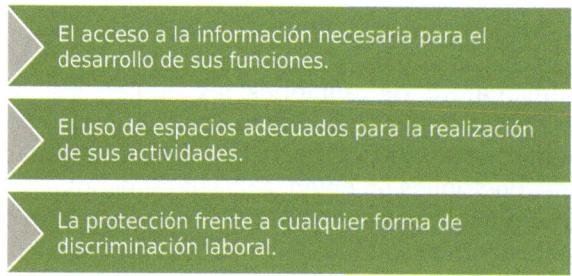

El acceso a la información necesaria para el desarrollo de sus funciones.

El uso de espacios adecuados para la realización de sus actividades.

La protección frente a cualquier forma de discriminación laboral.

Además, las secciones sindicales pueden tener presencia en los comités de empresa y, mediante la implementación de convenios colectivos, pueden asegurar mejores condiciones laborales para sus miembros, lo cual es fundamental en la transferencia de voz en las relaciones laborales dentro de una organización.

Persona delegada sindical y funciones

La **persona delegada sindical** es aquella dentro de la sección sindical para actuar como representante del sindicato en la empresa. Este rol es crucial, ya que implica la representación directa de los trabajadores y la mediación entre ellos y el empleador.

Las principales funciones de la persona delegada sindical incluyen:

- ⮂ **La negociación de acuerdos colectivos:** proceso mediante el cual sindicatos y empleadores establecen condiciones laborales justas, regulando aspectos como salarios, horarios y seguridad en el trabajo a través de convenios colectivos.
- ⮂ **La intervención en conflictos laborales:** los representantes sindicales actúan como mediadores en disputas entre trabajadores y empleadores,

buscando soluciones que garanticen el respeto de los derechos laborales y la estabilidad en el entorno de trabajo.

- **La promoción de mejoras en las condiciones laborales:** los sindicatos impulsan cambios en el ambiente de trabajo para garantizar mayor bienestar, abordando temas como conciliación, prevención de riesgos y condiciones salariales equitativas.
- **Velar por el cumplimiento de las políticas de seguridad y salud laboral:** supervisión y exigencia del cumplimiento de normativas en prevención de riesgos laborales, asegurando un entorno seguro que minimice accidentes y enfermedades profesionales.
- **Informar a la sección sindical y a sus afiliados sobre los avances y desafíos en estas áreas:** mantener una comunicación clara y constante con los trabajadores sobre cambios, logros y problemáticas en materia laboral, fortaleciendo su participación y conocimiento de sus derechos.

De la efectiva actuación de las personas delegadas sindicales depende, en gran parte, el éxito de la negociación colectiva y la defensa de los derechos de los trabajadores dentro de una empresa. Por lo tanto, las personas designadas para este papel deben poseer un conocimiento exhaustivo de los procesos laborales y legislativos, así como habilidades sólidas de comunicación y negociación.

 SABÍAS QUE...

La figura de la persona delegada sindical goza de una serie de derechos que garantizan su protección y funcionalidad en el entorno laboral. Por un lado, tienen derecho a ocupar este cargo sin sufrir represalias por parte del empleador, una protección fundamental para que puedan desempeñar sus funciones sin miedo a la discriminación o el acoso laboral.

Por otro lado, gozan del derecho a la capacitación continua en temas laborales, lo que les permite estar actualizados respecto a cambios legislativos y de contexto que afecten su gestión. Además, se les puede otorgar crédito horario, lo cual se refiere a la asignación de tiempo en su jornada laboral para preparar, asistir y participar en actividades formativas y de representación.

Relación y cooperación entre la sección sindical y la persona delegada sindical

La relación entre la sección sindical y la persona delegada sindical está fundamentada en la cooperación y la comunicación.

Es esencial que ambos trabajen alineados para enfrentar juntos los retos que presentan la defensa del derecho laboral y la promoción de mejores condiciones de trabajo.

Un ambiente de apoyo mutuo dentro de la estructura sindical fomenta un liderazgo concertado en el que las demandas de los trabajadores puedan ser elevadas con claridad y eficacia ante la dirección empresarial. La construcción de un canal de comunicación eficiente y abierto entre la sección sindical y la persona delegada promueve una comprensión de las diferentes perspectivas y la armonización de objetivos.

 SABÍAS QUE...

La sección sindical y la persona delegada sindical trabajan en conjunto para defender los derechos de los trabajadores, pero tienen funciones diferenciadas. Mientras la sección sindical representa al sindicato dentro de la empresa y coordina acciones colectivas, la persona delegada sindical actúa como enlace directo entre los trabajadores y la dirección, asegurando que se respeten los acuerdos laborales.

Una buena cooperación entre ambos es clave para lograr negociaciones exitosas, resolver conflictos y mejorar las condiciones laborales de manera efectiva.

Importancia en el cumplimiento de la legislación laboral

La presencia activa de secciones sindicales y personas delegadas sindicales dentro de una empresa es de gran importancia para el cumplimiento de la normativa laboral. Al revisar la conformidad de las prácticas laborales con la ley, estas estructuras garantizan que los estándares mínimos de empleo se mantengan, no solo protegiendo al empleado, sino también conservando un ambiente de trabajo justo y ético.

 PARA SABER MÁS

A continuación, podrás acceder al Estatuto de los Trabajadores actualizado, que es la ley laboral más importante en España.

https://redirectoronline.com/ctrh00060101

A través de mecanismos como la negociación colectiva, el diálogo social y la intervención en conflictos, las secciones y personas delegadas no solo se convierten en guardianes del marco legal, sino también en actores fundamentales en la construcción de un ámbito laboral más inclusivo y progresista.

 EJEMPLO

Siguiendo con la historia de Laura, tras identificar problemas en su empresa relacionados con la falta de medidas de seguridad y desigualdades salariales, decide contactar con la sección sindical para conocer sus derechos y los pasos que seguir. En la empresa donde trabaja, hay una sección sindical activa que representa a los trabajadores y que ha sido clave en negociaciones anteriores.

Laura se reúne con Carlos, el delegado sindical de su empresa, quien le explica que su rol consiste en representar a los trabajadores ante la dirección y velar por el cumplimiento de la normativa laboral. Juntos, analizan la situación y deciden presentar una propuesta formal a la empresa para mejorar las condiciones de seguridad y revisar la política salarial.

Gracias a la intervención de la sección sindical y la labor de Carlos como delegado sindical, Laura comienza a ver cómo sus inquietudes son escuchadas y cómo el proceso de negociación colectiva puede convertirse en una herramienta clave para garantizar derechos y mejorar el clima laboral.

ACTIVIDAD COMPLEMENTARIA

1. Investiga sobre un aspecto clave de la organización sindical en la empresa y el control del cumplimiento de la legislación laboral. Elige uno de los siguientes temas para investigar:

   · Funciones y objetivos de los sindicatos en la empresa.
   · Derechos y deberes de los representantes sindicales.
   · Mecanismos de control para el cumplimiento de la legislación laboral.
   · Ejemplos de negociación colectiva en España.
   · Casos reales de intervención sindical en conflictos laborales.

3. La representación unitaria de las personas trabajadoras

 HILO CONDUCTOR

Tras reunirse con Carlos, el delegado sindical, Laura empieza a entender mejor el papel que juegan los sindicatos en su empresa. No obstante, al hablar con otros compañeros, descubre que muchos no están afiliados, pero aun así cuentan con representantes que defienden sus derechos. Carlos le aclara que, además de la representación sindical, existe la representación unitaria, compuesta por delegados de personal y comités de empresa, que representan a todos los trabajadores, estén o no sindicados. Estos representantes se encargan de velar por el cumplimiento de las normas laborales y transmitir las inquietudes de los empleados a la dirección.

Motivada por esta nueva información, Laura quiere saber más sobre el proceso de elección de estos representantes, sus funciones y cómo pueden contribuir a mejorar su situación laboral. A medida que avancemos en el temario, profundizaremos en cómo esta representación unitaria participa en la toma de decisiones dentro de la empresa y cómo influye positivamente en el clima laboral.

La representación unitaria de las personas trabajadoras constituye un elemento fundamental para garantizar los derechos colectivos de los trabajadores en el ámbito laboral. En contraste con las estructuras de representación sindical, como las secciones y los delegados sindicales discutidos anteriormente, la representación unitaria surge de un mandato democrático de toda la plantilla y no está subordinada directamente a ninguna organización sindical. Esta forma de representación es crucial para asegurar la participación equitativa de todos los trabajadores en la defensa de sus intereses y en el proceso de negociación colectiva.

 **PARA SABER MÁS**

¿Sabes cuántos sindicatos y organizaciones empresariales hay en España? Puedes encontrar el listado con toda la información desde el siguiente enlace.

https://redirectoronline.com/ctrh00060102

3.1. Definición y alcance

La representación unitaria se manifiesta a través de dos formas principales:

○ **Delegados de personal:** en empresas de menor tamaño, los delegados de personal son elegidos para representar a los trabajadores. Estos delegados tienen una estructura simplificada que facilita un contacto directo y cotidiano con la plantilla. Su número varía en función del total de trabajadores, pero suele oscilar entre uno y tres representantes por empresa. Sus funciones y competencias abarcan desde:

  ○ La negociación de convenios colectivos.
  ○ La vigilancia del cumplimiento de la legislación laboral.
  ○ La promoción de la salud.
  ○ Seguridad en el trabajo.

Los delegados de personal deben ser elegidos mediante un proceso electoral libre y democrático en el que pueden participar todas las personas trabajadoras de la empresa. El proceso suele estar regulado por el calendario electoral establecido, garantizando que todos los empleados, sin discriminación de categoría o antigüedad, pueden postularse y votar.

● **Comités de empresa:** cuando hablamos de grandes organizaciones, el comité de empresa actúa como el principal órgano de representación unitaria. Este comité es un órgano más complejo que los delegados de personal debido al número de miembros que lo forman y la diversidad de competencias que abarcan. Dependiendo del tamaño de la empresa, el comité podrá contener entre **5 y 75 miembros,** asegurando una representación proporcional a la envergadura de la compañía. Este órgano tiene la obligación de reunirse al menos una vez al mes para tratar los asuntos que afectan a los trabajadores. Entre sus funciones, destacan las siguientes:

◑ Tiene la facultad de recibir información que puede ser de vital importancia para el colectivo trabajador, como la evolución del sector económico de la empresa, cambios en la organización del trabajo o las últimas cifras de empleo en la empresa.

◑ Tiene la capacidad de intervenir en la negociación colectiva como representación de toda la plantilla y no solo de una parte de ella.

El comité de empresa es un órgano muy importante en las negociaciones colectivas.

SABÍAS QUE...

La elección entre uno y otro depende del tamaño de la empresa. Mientras que los delegados de personal operan en empresas pequeñas, generalmente aquellas con entre 10 y 49 trabajadores, los comités de empresa están presentes en empresas más grandes, con 50 o más empleados. Ambas figuras tienen como misión principal representar a la totalidad de los trabajadores, obviando afiliaciones sindicales, bajo los principios de democracia y universalidad.

Asimismo, la representación unitaria tiene las siguientes facultades:

> Recibir información que puede ser de vital importancia para el colectivo trabajador, como la evolución del sector económico de la empresa, cambios en la organización del trabajo o las últimas cifras de empleo en la empresa.

> Intervenir en la negociación colectiva como representación de toda la plantilla y no solo de una parte de ella.

Las medidas de seguridad en la empresa deben ser prioridad máxima.

3.2. Competencias y funciones

La representación unitaria posee una serie de competencias definidas, las cuales permiten la defensa efectiva de los intereses de los trabajadores. Entre las más relevantes se encuentran las siguientes:

- **Información y consulta:** derecho de los representantes de los trabajadores a recibir y solicitar información sobre decisiones empresariales que afecten al personal, como cambios organizativos, políticas de contratación o condiciones laborales. Su objetivo es garantizar la transparencia y permitir la participación en la toma de decisiones.
- **Negociación colectiva:** proceso mediante el cual los representantes de los trabajadores y la empresa acuerdan condiciones laborales, salariales y de bienestar, estableciendo convenios colectivos que regulan aspectos clave del empleo y garantizan el equilibrio entre las necesidades de ambas partes.
- **Vigilancia y control:** supervisión del cumplimiento de la normativa laboral y los acuerdos colectivos dentro de la empresa. Incluye la inspección de condiciones de trabajo, el control del respeto a los derechos de los trabajadores y la denuncia de incumplimientos ante las autoridades competentes.
- **Seguridad y salud laboral:** conjunto de medidas y regulaciones destinadas a garantizar un entorno de trabajo seguro y saludable. La representación laboral juega un papel clave en la prevención de riesgos, la implementación de planes de seguridad y la protección de la salud de los trabajadores.
- **Mediación en conflictos:** intervención de los representantes de los trabajadores en la resolución de disputas entre empleados y empleadores. Su objetivo es facilitar el diálogo, encontrar soluciones justas y evitar enfrentamientos prolongados que afecten la armonía laboral.

3.3. Derechos y garantías

Los miembros de la representación unitaria disfrutan de una serie de derechos y garantías diseñados para asegurar que su trabajo se pueda realizar de manera efectiva y sin represalias. Estos derechos incluyen:

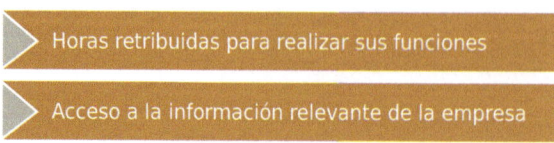

Horas retribuidas para realizar sus funciones

Acceso a la información relevante de la empresa

Continúa en página siguiente >>

<< Viene de página anterior

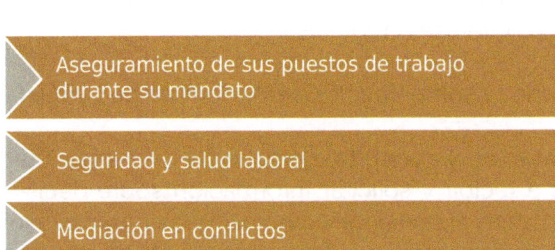

Aseguramiento de sus puestos de trabajo durante su mandato

Seguridad y salud laboral

Mediación en conflictos

Además, la empresa debe facilitar un lugar adecuado para que los representantes puedan realizar sus reuniones y mantener la comunicación con los trabajadores.

La representación unitaria de las personas trabajadoras es una pieza esencial en el entramado de la democracia laboral. A través de ella, se promueve un equilibrio de poder dentro de las empresas, asegurando que las voces de los trabajadores sean escuchadas y que sus derechos sean defendidos de manera justa y efectiva. A medida que el entorno laboral continúa evolucionando, la representación unitaria también debe adaptarse, abrazando las nuevas tecnologías y métodos de comunicación para seguir siendo pertinente y efectiva en la defensa de los derechos laborales. Entrenarnos en la comprensión de su funcionamiento y su impacto es crucial para cualquier persona interesada en el campo de las relaciones laborales.

 **SABÍAS QUE...**

En algunas legislaciones, los delegados sindicales tienen más protección legal frente al despido para evitar represalias por parte de la empresa.

3.4. Derechos y competencias de los comités de empresa y de las personas delegadas de personal

En el ámbito laboral, los comités de empresa desempeñan un papel crucial en la mediación entre la dirección de las compañías y el colectivo de trabajadores. Estos comités no solo facilitan la comunicación y la negociación, sino que también están investidos de derechos y competencias específicas que les permiten desempeñar eficazmente su rol de representación y defensa de los intereses laborales.

Los derechos y competencias de los comités de empresa son los siguientes:

- **Información y consulta:** derecho de los representantes de los trabajadores a recibir y solicitar información sobre decisiones empresariales que afecten al personal, como cambios organizativos, políticas de contratación o condiciones laborales. Su objetivo es garantizar la transparencia y permitir la participación activa en la toma de decisiones.
- **Negociación colectiva:** proceso mediante el cual los representantes de los trabajadores y la empresa acuerdan condiciones laborales, salariales y de bienestar, estableciendo convenios colectivos que regulan aspectos clave del empleo y garantizan el equilibrio entre las necesidades de ambas partes.
- **Vigilancia y control:** supervisión del cumplimiento de la normativa laboral y los acuerdos colectivos dentro de la empresa. Incluye la inspección de condiciones de trabajo, el control del respeto a los derechos de los trabajadores y la denuncia de incumplimientos ante las autoridades competentes.
- **Seguridad y salud laboral:** conjunto de medidas y regulaciones destinadas a garantizar un entorno de trabajo seguro y saludable. La representación laboral juega un papel clave en la prevención de riesgos, la implementación de planes de seguridad y la protección de la salud de los trabajadores.
- **Mediación en conflictos:** intervención de los representantes de los trabajadores en la resolución de disputas entre empleados y empleadores. Su objetivo es facilitar el diálogo, encontrar soluciones justas y evitar enfrentamientos prolongados que afecten a la armonía laboral.

 **EJEMPLO**

Para ilustrar el impacto de estos derechos y competencias, consideremos algunos ejemplos:

Cambios organizativos importantes

Imaginemos una empresa que planea una reestructuración significativa por motivos económicos. En este contexto, el comité de empresa actuaría como guardián del proceso. Sería el primero en recibir la información sobre la reestructuración

Continúa en página siguiente >>

<< Viene de página anterior

prevista y su rol principal sería transmitirla a los trabajadores, asegurándose de que el cambio sea transparente y justo.

Gestión de conflictos

En un caso de conflicto laboral, como discrepancias salariales, el comité tiene la capacidad y la autoridad para mediar entre la empresa y los trabajadores. Esta actuación puede reducir tensiones y evitar la escalada del conflicto hacia una huelga o un enfrentamiento más grave.

Auditorías en salud y seguridad

Ante una serie de accidentes laborales, el comité realiza una auditoría y propone mejoras para prevenir futuros incidentes. Actúan como puente entre el personal afectado y la dirección, facilitando la implementación de mejores prácticas laborales.

Los comités de empresa son pilares básicos en la estructura laboral moderna. Su existencia y operación no solo proporcionan una capa adicional de protección para los trabajadores, sino que también promueven un entorno de trabajo más armonioso y productivo. Aseguran que las voces de los empleados sean escuchadas y sus derechos respetados, desempeñando así un papel indispensable en la promoción de la justicia y la equidad laboral. A medida que las dinámicas laborales continúan transformándose, el papel de los comités de empresa y las personas que interactúan con ellos seguirá siendo esencial para el mantenimiento de un equilibrio justo entre las necesidades del capital y del trabajo.

3.5. Derechos de las personas representantes del personal público

Los representantes del personal público desempeñan un papel fundamental en la defensa de los derechos laborales dentro del sector público. Para ello, cuentan con una serie de derechos que garantizan su autonomía e independencia en el ejercicio de sus funciones. Dichos derechos son:

- ⇒ **Derecho a la información y consulta:** permite el acceso a datos sobre políticas de personal, cambios organizativos y aspectos económicos que impacten a los trabajadores, asegurando transparencia y diálogo social.

- **Derecho a la participación institucional:** facilita su presencia en órganos de negociación y comités donde se deciden condiciones laborales y mejoras en el servicio público.
- **Derecho a la protección y garantías laborales:** incluye protección frente a represalias, estabilidad en el empleo y crédito de horas sindicales para ejercer su labor sin perjuicio económico.
- **Derecho a la libertad de expresión y reunión:** garantiza la posibilidad de comunicar preocupaciones y coordinar acciones sin censura ni restricciones.
- **Derecho a la formación continua:** permite a los representantes actualizarse en normativa laboral, negociación y gestión pública para mejorar su función.
- **Derecho a la autonomía organizativa:** les concede la capacidad de elegir libremente a sus representantes y definir sus estrategias dentro del marco legal.
- **Derecho al acceso a medios y recursos:** asegura espacios adecuados, herramientas tecnológicas y canales de comunicación para desempeñar su labor eficientemente.

 **RECUERDA**

Los representantes sindicales no solo tienen el derecho de participar en decisiones laborales, sino que cuentan con protección frente a sanciones y acceso a recursos que garantizan su labor sin interferencias, fortaleciendo la representación laboral en el sector público.

3.6. Garantías de las personas miembros de los comités de empresa, las personas delegadas de personal y las delegadas sindicales

En el contexto del funcionamiento sindical dentro de la empresa, desempeñar un rol como representante de los trabajadores acarrea ciertos desafíos y riesgos, dada la naturaleza de la relación de poder entre empleadores y representantes sindicales. Por ello, en la mayoría de las jurisdicciones, se han establecido un conjunto de garantías legales para las personas que integran los comités de empresa. Estas garantías tienen como propósito **asegurar el desempeño imparcial y autónomo de las funciones de los representantes laborales sin sufrir represalias o discriminación por parte de la empresa.**

Las garantías de las personas miembros de los comités de empresa son las siguientes:

- **Inamovilidad laboral:** garantía que protege a los representantes sindicales y delegados de personal contra despidos o cambios arbitrarios en sus condiciones de trabajo, asegurando que puedan ejercer su función sin represalias.
- **Prohibición de discriminación:** principio que impide cualquier trato desigual basado en género, raza, orientación sexual, religión, opinión política o afiliación sindical, garantizando la igualdad de oportunidades en el ámbito laboral.
- **Derecho a la información:** facultad de los representantes sindicales para recibir y solicitar información relevante sobre políticas de personal, condiciones laborales y decisiones empresariales que puedan afectar a los trabajadores.
- **Facilidades para el ejercicio de sus funciones:** derecho de los representantes sindicales a contar con el tiempo, los medios y los recursos necesarios para desarrollar su labor de representación sin afectar su desempeño profesional.
- **Derecho a la capacitación:** acceso a formación y actualización en temas laborales, negociación colectiva, legislación y derechos de los trabajadores, con el fin de mejorar su desempeño y garantizar una defensa efectiva de los intereses laborales.
- **Protección ante despidos o sanciones injustificadas:** mecanismo que impide que los representantes de los trabajadores sean despedidos, sancionados o perjudicados por ejercer su función sindical, salvo en casos debidamente justificados y legalmente fundamentados.
- **Derecho a huelga:** facultad de los trabajadores para interrumpir temporalmente sus actividades laborales como medida de presión para la defensa de sus derechos o la mejora de sus condiciones de trabajo.

Cada una de estas garantías trabaja articuladamente para sostener la actividad sindical dentro de la empresa, protegiendo a aquellos trabajadores que asumen roles de liderazgo en defensa de sus compañeros.

 IMPORTANTE

Estas protecciones aseguran que las actividades se realicen con la seguridad y eficacia necesarias, contribuyendo así al mantenimiento de relaciones laborales transparentes y equitativas dentro del contexto empresarial.

4. Aplicación del control básico del cumplimiento de la legislación referente a contratación, salario e igualdad

☞ HILO CONDUCTOR

Tras conocer mejor la representación sindical en la empresa, Laura empieza a analizar las condiciones de trabajo en su área. Se da cuenta de que hay diferencias salariales entre trabajadores con el mismo puesto y antigüedad, además de que ciertos contratos temporales se están renovando de manera irregular.

Preocupada, consulta nuevamente con Carlos, el delegado sindical, quien le explica que uno de los roles clave de la representación laboral es supervisar el cumplimiento de la legislación en materia de contratación, salario e igualdad. Gracias a su apoyo, Laura y otros compañeros comienzan a recopilar información sobre sus contratos y condiciones laborales, con la intención de verificar si se están respetando sus derechos.

- -

La aplicación del control básico del cumplimiento de la legislación referente a contratación, salario e igualdad se erige como una piedra angular en la práctica sindical dentro de la empresa. Entendido esto, el papel de los sindicatos no se limita únicamente a defender los derechos de los trabajadores, sino que también implica supervisar de manera activa y rigurosa la conformidad de las políticas empresariales con la normativa vigente. Las acciones que los sindicatos deben tomar son:

- **Supervisión de la contratación:** las empresas deben formalizar los contratos por escrito, detallando funciones, horarios y salarios. Los sindicatos se encargan de verificar que estos aspectos se cumplan, protegiendo a los trabajadores de posibles abusos y previniendo conflictos laborales.
- **Garantía de salarios justos:** el salario debe respetar los convenios colectivos y las normativas vigentes. Los sindicatos supervisan que se cumplan las tablas salariales, ajustes por antigüedad y bonificaciones establecidas, evitando interpretaciones arbitrarias que perjudiquen a los empleados.
- **Promoción de la igualdad laboral:** es esencial evitar discriminación en contratación, promociones y sueldos. Los sindicatos vigilan que las empresas apliquen planes de igualdad y tomen medidas para eliminar brechas salariales y desigualdades en el acceso a oportunidades.
- **Herramientas de control sindical:** para garantizar el cumplimiento normativo, los sindicatos utilizan auditorías, revisan contratos y nóminas y

mantienen canales de comunicación con los trabajadores para detectar y denunciar irregularidades sin temor a represalias.

➲ **Buenas prácticas:** algunas empresas implementan revisiones trimestrales con participación sindical o programas de formación conjunta sobre derechos laborales. Estas iniciativas fomentan un entorno laboral más justo y transparente.

 RECUERDA

La aplicación del control básico del cumplimiento de la legislación referente a contratación, salario e igualdad es esencial para el correcto funcionamiento de la relación entre empresa y trabajador. No solo protege derechos fundamentales, sino que sienta las bases para relaciones laborales más transparentes, justas y equitativas. Los sindicatos, al servir como guardianes de las normativas laborales, ejercen una función indispensable, velando por que las empresas cumplan con sus obligaciones legales y promoviendo ambientes de trabajo donde la equidad y la justicia sean la norma, no la excepción.

4.1. La contratación laboral

La contratación laboral es uno de los pilares fundamentales en la relación entre trabajadores y empleadores dentro de una empresa. Este proceso no solo establece los términos legales bajo los cuales un empleado será incorporado al cuerpo laboral de una organización, sino que además es una herramienta clave para la gestión efectiva del talento humano. La correcta gestión de la contratación laboral asegura que la empresa tenga un equipo cualificado y motivado para alcanzar sus objetivos mientras protege los derechos de los trabajadores.

 IMPORTANTE

Uno de los aspectos importantes de la contratación laboral es entender los tipos de contratos que existen y cómo estos afectan tanto al empleado como

Continúa en página siguiente >>

<< Viene de página anterior

al empleador. Comúnmente, los contratos de trabajo pueden clasificarse en temporales, indefinidos, a tiempo parcial o por obra o servicio determinado, cada uno con características y regulaciones específicas.

La reforma laboral en España, aprobada mediante el **Real Decreto Ley 32/2021,** introdujo cambios significativos en la regulación de los contratos laborales, reduciendo la temporalidad y fortaleciendo la estabilidad en el empleo. A continuación, se detallan los principales tipos de contratos según la normativa actual:

- **Contrato indefinido:** el contrato indefinido sigue siendo la modalidad preferente de contratación. No tiene una fecha de finalización preestablecida y garantiza mayor estabilidad laboral. La empresa solo puede rescindirlo mediante despido justificado (disciplinario u objetivo) o indemnización correspondiente. Se fomenta su uso con incentivos y penalizaciones a la contratación temporal injustificada.
- **Contrato temporal (circunstancias de la producción y sustitución):** la reforma eliminó el contrato por obra o servicio, limitando los contratos temporales a dos tipos específicos:

  - Por circunstancias de la producción: solo permitido en casos de incremento ocasional e imprevisible de la actividad de la empresa o para atender situaciones productivas temporales y justificadas. Su duración máxima es de 6 meses, ampliable a 12 meses si lo establece el convenio sectorial.
  - Por sustitución de trabajador: se usa para reemplazar a un empleado con derecho a reserva del puesto (baja por maternidad, enfermedad, excedencia, etc.). Puede iniciarse hasta 15 días antes de la ausencia prevista.
  Las empresas deben justificar detalladamente la temporalidad y evitar su uso abusivo, ya que la ley sanciona la concatenación fraudulenta de contratos.

- **Contrato fijo-discontinuo:** sustituye en muchos casos a los antiguos contratos temporales. Se usa para actividades de temporada o intermitentes, con periodos de inactividad entre los llamamientos. Es común en sectores como hostelería, educación, turismo y agricultura. Los trabajadores tienen derecho a ser llamados cuando la actividad se reactive.

● **Contrato a tiempo parcial:** este contrato puede aplicarse tanto en la modalidad indefinida como en la temporal, siempre que la jornada laboral sea inferior a la jornada completa establecida en la empresa. Los trabajadores tienen los mismos derechos que los empleados a jornada completa, de forma proporcional a las horas trabajadas.

Además de estos tipos de contratos, la contratación laboral implica una etapa de negociación en la que se deben establecer claramente las condiciones bajo las cuales el empleado desarrollará su actividad. Algunos de estos elementos incluyen la descripción del puesto de trabajo, las tareas y responsabilidades específicas, la retribución económica, las jornadas laborales y las condiciones de seguridad y salud en el trabajo. Todo esto debe ser acordado y escrito para evitar ambigüedades que puedan dar pie a conflictos laborales.

 IMPORTANTE

Las organizaciones deben hacer un análisis minucioso de sus necesidades laborales antes de iniciar un proceso de contratación. Un estudio detallado asegura que el candidato seleccionado cuente con el perfil más adecuado para el puesto. Evaluar la idoneidad del trabajador no solo incluye la revisión de sus cualificaciones técnicas, sino también una consideración de sus habilidades blandas, que son vitales para integrarse efectivamente en la cultura organizacional.

Un componente crucial que acompaña al proceso de contratación es el cumplimiento de la legislación laboral vigente. Las leyes varían en función del país, pero, en general, están diseñadas para proteger los derechos básicos de los trabajadores y mantener una equidad básica en la relación laboral. Esto incluye asegurar que los trabajadores reciban un salario justo, trabajen en condiciones seguras y reciban un trato no discriminatorio. La utilización de prácticas justas en la contratación minimiza riesgos legales y mejora la percepción de la empresa en el mercado laboral.

Asimismo, es destacable el papel que desempeñan los sindicatos en la contratación laboral. Las organizaciones sindicales tienen un papel protagónico en la representación y defensa de los intereses de los trabajadores.

Las funciones principales de los sindicatos en relación con la contratación son:

Negociar los convenios colectivos	Procesos de contratación
- Son acuerdos masivos que establecen las condiciones laborales de grupos de trabajadores, estandarizando las prácticas de contratación y promocionando mejoras en las condiciones laborales generales.	- Pueden tener influencia directa en procesos de contratación dentro de una empresa, mediante la participación en comisiones dictaminadoras o la definición de criterios específicos que aseguren la equidad de acceso al empleo y la igualdad de oportunidades para todos los candidatos dentro de la organización. Esto es especialmente relevante en empresas grandes, donde el nivel de representación sindical puede ser determinante en la toma de decisiones laborales que afecten a un número considerable de empleados.

Otro aspecto por considerar en la contratación laboral es la **promoción interna.** Este mecanismo permite que aquellos empleados que ya forman parte de la empresa asuman nuevas responsabilidades o posiciones superiores. Incentivar la promoción interna tiene múltiples beneficios; no solo permite ahorrar tiempo y recursos en el proceso de selección, sino que también incrementa la motivación entre los empleados y fomenta un sentido de pertenencia y lealtad hacia la empresa. La promoción interna, además, actúa como un mensaje positivo hacia el resto del cuerpo laboral sobre las oportunidades de crecimiento dentro de la organización.

La tecnología en la contratación laboral ha transformado el modo en que las empresas acceden al talento. Las plataformas digitales y las redes sociales permiten ampliar significativamente el alcance de los procesos de reclutamiento. El *software* de análisis de datos facilita la identificación de candidatos idóneos al permitir cruzar información demográfica, habilidades, experiencias y otras variables determinantes con las necesidades específicas del puesto. Sin embargo, la adopción de tecnología también debe ser acompañada por medidas de seguridad y privacidad adecuadas para proteger los datos personales de los candidatos.

IMPORTANTE

Es esencial que la empresa realice un proceso de inducción integral donde se detallen las políticas, procedimientos y expectativas organizacionales. Esto no solo ayuda al nuevo empleado a sentirse integrado desde el principio, sino que también alinea sus objetivos personales y profesionales con los de la empresa, fortaleciéndose la relación laboral desde sus etapas iniciales.

En conclusión, la contratación laboral es una actividad estratégica vital que debe ser ejecutada con una minuciosa planeación y un profundo conocimiento de la legislación vigente y las dinámicas de la naturaleza del trabajo. Al estructurar formalmente las relaciones laborales, las empresas no solo están garantizando la optimización de sus recursos humanos, sino también sentando las bases para un ambiente laboral justo, accesible y eficiente.

TAREA 1

Laura trabaja en una empresa del sector industrial. Con el tiempo, ha notado varias irregularidades laborales en su empresa, como diferencias salariales entre hombres y mujeres, contratos temporales que no se han convertido en indefinidos y la falta de medidas para garantizar la conciliación familiar y laboral. Preocupada, decide acudir a Carlos, el delegado sindical, para informarse sobre los pasos que seguir. Carlos le explica que el sindicato tiene la función de representar a los trabajadores y velar por el cumplimiento de la legislación laboral, por lo que pueden intervenir en la situación denunciada. Tras analizar la normativa vigente, el sindicato decide:

- Negociar con la empresa para corregir los contratos temporales fraudulentos.
- Revisar la política salarial para garantizar la equidad entre hombres y mujeres.
- Exigir la implementación de medidas de conciliación laboral en el marco de los planes de igualdad.
- Gracias a la acción sindical, la empresa modifica los contratos irregulares, ajusta los salarios y adopta medidas para mejorar la conciliación, asegurando así un entorno de trabajo más justo.

Continúa en página siguiente >>

<< Viene de página anterior

Atendiendo a esta situación, responde a las siguientes preguntas:

- ¿Cuál es el papel del sindicato en la situación que enfrenta Laura?
- ¿Qué normativas pueden estar vulnerándose en este caso y cómo puede intervenir la representación sindical?
- ¿Cómo se relaciona este caso con la importancia del control sindical en la aplicación y cumplimiento de la normativa laboral?
- ¿Qué impacto tiene la acción sindical en la mejora del clima laboral y en la igualdad de condiciones dentro de la empresa?

4.2. El concepto salarial

El salario es uno de los conceptos más fundamentales en la relación laboral, pues representa no solo la retribución económica que recibe un trabajador por el desempeño de su trabajo, sino también un elemento esencial en la percepción y calidad de vida de los empleados. En este apartado, se explorará en profundidad qué es el salario, cuáles son sus componentes, cómo se determina y cuál es su significado dentro de la organización sindical en la empresa.

 **DEFINICIÓN**

Salario
Contraprestación económica que la empresa debe pagar al trabajador como consecuencia del contrato de trabajo y que se encuentra normado y protegido por diversas legislaciones laborales a nivel nacional e internacional. Su función principal es proporcionar al trabajador los medios necesarios para su subsistencia y, en casos óptimos, para el desarrollo personal y profesional.

El salario mínimo es una de las herramientas de garantía social más importantes.

Componentes del salario

El salario puede entenderse de manera más integral si se examinan sus componentes, que reflejan la variabilidad y complejidad de este:

- **Salario base:** es la cantidad fija que se acuerda al momento de firmar el contrato laboral. Es la retribución mínima que debe recibir el trabajador por la realización de sus funciones y suele estar establecida por hora, día, mes o por producción realizada.
- **Complementos salariales:** sobre el salario base, pueden añadirse otros conceptos que varían dependiendo de múltiples factores:
- **Antigüedad:** se refiere a los incrementos en el salario que reciben los trabajadores en función del tiempo de servicio en la empresa.
- **Rendimiento:** bonificaciones por cumplir o superar objetivos específicos.
- **Turnicidad:** compensación adicional para trabajos en horarios nocturnos o en fines de semana.
- **Condicionales:** basados en la dificultad o riesgo de las tareas desempeñadas.
- **Beneficios no salariales:** aunque no forman parte del salario directamente, los beneficios tales como seguros médicos, planes de pensiones, u otras prestaciones forman un valor adicional para el empleado.

El proceso de determinación salarial

La determinación del salario dentro de una empresa depende de múltiples factores y requiere un proceso específico que suele involucrar negociaciones y consideraciones económicas, jurídicas y sociales. Entre los elementos que influyen en la fijación del salario se destacan:

- **Capacidad económica de la empresa:** las organizaciones con mejor desempeño financiero pueden ofrecer mayores compensaciones.
- **Normativas laborales:** las legislaciones nacionales establecen un salario mínimo legal por debajo del cual no puede situarse ninguna remuneración, con el objeto de garantizar un nivel de vida digno para el trabajador.
- **Negociación colectiva:** los sindicatos suelen intervenir en las discusiones salariales mediante convenios colectivos, donde se busca beneficiar a un conjunto amplio de trabajadores con condiciones laborales mejores o al menos mantener las adquiridas.
- **Mercado laboral:** en un entorno competitivo, las organizaciones deben ofrecer salarios que sean atractivos para captar y retener talento en comparación con otras empresas del sector.
- **Rendimiento y aportación del trabajador:** la experiencia, nivel de responsabilidad y desempeño laboral individual pueden influir en la asignación de un salario distinto entre empleados.

Protección legal del salario

Una de las funciones primordiales de la legislación laboral y de las organizaciones sindicales es proteger el salario de los trabajadores. Algunos principios básicos son:

Inembargabilidad del salario mínimo
- El salario mínimo no puede ser embargado por deudas, salvo excepciones consideradas por ley, con el fin de proteger las necesidades básicas del trabajador.

Regularidad en el pago
- Estipula que los salarios deben pagarse con frecuencia y puntualidad, evitando demoras que podrían perjudicar al trabajador.

Libre disposición del salario
- Asegura que el trabajador pueda disponer libremente de su salario sin intervención o exigencia indebida de terceros.

Igualdad salarial
- Busca adoptar medidas para eliminar diferencias salariales injustificadas por motivo de género, raza o cualquier otra condición sociocultural.

Importancia del salario en la estructura sindical

El salario constituye un eje central en la actividad sindical debido a su impacto en la calidad de vida de los trabajadores y a la equidad en el ámbito laboral. La negociación salarial es una de las actividades más importantes de los sindicatos, que actúan como representantes de los trabajadores, defendiendo sus derechos y velando por el cumplimiento de condiciones de trabajo justas y dignas.

La función de las organizaciones sindicales en el marco salarial se manifiesta en varios aspectos:

Establecimiento de convenios colectivos
- A través de los cuales se negocian mejoras salariales, incluso por encima de los mínimos legales, y se buscan beneficios adicionales, como aumento de primas por desempeño y condiciones laborales favorables.

Defensa de los intereses colectivos
- A través de la presión social, legal y económica para evitar recortes de salarios, congelación de sueldos o situaciones de explotación laboral.

Educación y concienciación
- Brindan información y formación a los trabajadores acerca de sus derechos salariales, estrategias de ahorro y planificación financiera.

Relación entre contratación laboral y salario

El salario se posiciona como un componente esencial del contrato de trabajo y constituye un aspecto determinante en la relación entre empleador y empleado. La claridad en las condiciones salariales al momento de la contratación es vital para evitar futuros conflictos. Es responsabilidad tanto de los empleadores como de los sindicatos asegurar que se respeten las normativas salariales acordadas en el contrato laboral, garantizando de esta manera un ambiente de trabajo justo y equitativo.

IMPORTANTE

Es fundamental para cualquier trabajador no solo comprender la estructura y función del salario, sino también estar al tanto de los derechos y responsabilidades que dicho salario conlleva. Los sindicatos juegan un papel esencial en esta materia, haciendo efectivos los derechos a obtener un salario justo, negociando mejores condiciones salariales y ayudando a los trabajadores a entender la remuneración justa y su cálculo.

- -

APLICACIÓN PRÁCTICA

María trabaja en una empresa del sector industrial y ha notado que varios de sus compañeros, que llevan años con contratos temporales, no han sido convertidos en indefinidos, a pesar de que su actividad en la empresa es continua. Además, ha observado que algunos empleados no están recibiendo el salario correspondiente al convenio colectivo y que no se respetan los tiempos de descanso obligatorios. Ante esta situación, María decide acudir al delegado sindical de su empresa para informarse sobre sus derechos y los pasos que seguir. El delegado le explica que estas prácticas podrían vulnerar la normativa laboral y que, para corregirlas, el sindicato puede intervenir presentando reclamaciones y exigiendo el cumplimiento de la legislación. ¿Cuál sería el primer paso que debe dar el sindicato para abordar la situación que ha identificado María?

Solución

Antes de tomar medidas más drásticas, el sindicato debe asegurarse de que las irregularidades detectadas realmente incumplen la normativa laboral vigente y el convenio colectivo. A partir de ahí, puede iniciar un proceso de diálogo y negociación con la empresa para corregir la situación. Si la empresa no responde adecuadamente, se pueden explorar otras acciones legales, como una denuncia ante la inspección de trabajo o medidas de presión sindicales, siempre dentro del marco legal.

- -

4.3. La igualdad entre mujeres y hombres

La igualdad entre mujeres y hombres es un principio esencial que debe estar presente también en el entorno laboral. Aunque históricamente el movimiento sindical ha sido clave en la defensa de los derechos laborales, las cuestiones de género no siempre han tenido la misma prioridad. En las últimas décadas, sin embargo, ha crecido la conciencia sobre la necesidad de integrar la igualdad de género en las organizaciones sindicales y en sus políticas.

Reconocer las desigualdades existentes es el primer paso para avanzar hacia entornos laborales más justos. Las mujeres siguen enfrentando brechas salariales, menor acceso a puestos de liderazgo y obstáculos en su desarrollo profesional. Los sindicatos, en este contexto, tienen un papel fundamental para identificar estas desigualdades y tomar acciones, como fomentar la transparencia salarial, ofrecer formación en igualdad y negociar convenios colectivos que promuevan condiciones laborales equitativas.

 EJEMPLO

Ejemplos prácticos de acciones sindicales en esta área incluyen la promoción de auditorías salariales y análisis comparativos de remuneración para detectar y corregir desigualdades. Estas auditorías no solo deben enfocarse en el salario base, sino también en las bonificaciones y otras formas de compensación. Además, deberían existir sanciones claras para aquellas empresas que no cumplan con las normativas de igualdad salarial, sanciones que los sindicatos deben defender y apoyar activamente.

Uno de los logros con más repercusión social que se ha conseguido en las últimas décadas es la igualdad entre hombres y mujeres (aunque todavía queda trabajo por delante).

Otro aspecto crucial en la búsqueda de la igualdad de género en el entorno laboral es la **promoción de un ambiente de trabajo libre de acoso y discriminación.** Aquí, las organizaciones sindicales pueden desempeñar un papel fundamental mediante la implementación de políticas contra el acoso sexual y la discriminación de género. Estas políticas deben incluir la creación de procedimientos claros para la denuncia y la resolución de quejas, así como el establecimiento de medidas de protección y apoyo para las víctimas de acoso o discriminación. Las políticas tienen que ir en línea con estos tres pilares fundamentales:

Educación y concienciación	Representación de las mujeres en los sindicatos	Conciliación familiar y laboral

IMPORTANTE

Lograr la igualdad entre mujeres y hombres no solo es beneficioso para ellas, sino para toda la sociedad. La inclusión lleva a un ambiente laboral más diverso y puede contribuir a una mayor innovación y competitividad empresarial. Por lo tanto, se debe concebir la igualdad de género como un indicador de desarrollo y responsabilidad empresarial.

La legislación también juega un papel crítico al proveer un marco para las acciones sindicales hacia la igualdad de género. Existen leyes nacionales e internacionales, como los convenios de la Organización Internacional del Trabajo (OIT), que establecen normas para proteger los derechos de las mujeres en el trabajo y abordan cuestiones de igualdad salarial, igualdad de oportunidades y no discriminación. El cumplimiento de estas normativas debe ser monitoreado rigurosamente por sindicatos comprometidos, ejerciendo el papel de control y defensa y denunciando cualquier forma de incumplimiento.

La igualdad de género en el trabajo no será una realidad si se ignoran las intersecciones con otras formas de desigualdad como:

- ➲ La raza
- ➲ La orientación sexual

- La discapacidad
- La edad

 IMPORTANTE

Los sindicatos deben adoptar un enfoque holístico para combatir la discriminación, reconociendo que estas múltiples capas de exclusión pueden combinarse y crear barreras adicionales para la plena participación de las mujeres en el ámbito laboral.

En conclusión, la igualdad entre mujeres y hombres es un elemento integral en la búsqueda de un entorno laboral más justo y equitativo. La función sindical no solo debe incluir, sino que debe liderar la promesa de un cambio hacia la equidad de género. Esto transforma el lugar de trabajo en uno donde cada individuo tenga las mismas oportunidades para prosperar y donde las diferencias de género no se traduzcan en desigualdades de trato o retribución. Solo mediante un compromiso concertado y persistente se pueden desmantelar barreras históricas, haciendo reales los principios de igualdad y justicia en empresas y sindicatos.

5. Resumen

La organización sindical es un pilar fundamental en las relaciones laborales, garantizando un equilibrio entre los derechos de los trabajadores y las necesidades empresariales. En un contexto de cambio constante, donde la tecnología y la globalización redefinen el trabajo, la función sindical cobra una relevancia aún mayor.

Los sindicatos no solo representan los intereses colectivos, sino que también impulsan el diálogo social y promueven buenas prácticas laborales. Dentro de esta estructura, existen varios elementos clave que garantizan una representación efectiva:

Estructura de la organización sindical:

- Sistema dual: incluye secciones y delegados sindicales, asegurando la comunicación entre trabajadores y la empresa.
- Representación unitaria: comités de empresa y delegados de personal que velan por los derechos laborales dentro de la compañía.
- Comités de empresa: órganos con derechos y competencias para negociar condiciones laborales y defender los intereses de los trabajadores.

Cumplimiento normativo y derechos laborales:

- Control del cumplimiento de la legislación laboral: supervisión de contratos, salarios y condiciones de trabajo.
- Contratación laboral: evaluación de las normativas vigentes para garantizar contratos justos y transparentes.
- Salario y retribuciones: asegurar el respeto a los convenios colectivos y la equidad en la compensación.
- Igualdad de género en el trabajo: eliminación de la brecha salarial y promoción de oportunidades equitativas para hombres y mujeres.

Comprender la estructura sindical y el marco normativo es esencial para garantizar un entorno laboral justo, equitativo y sostenible. El sindicalismo y el control normativo fortalecen la protección de los trabajadores y fomentan un futuro laboral más armonioso y progresista.

Organización sindical y cumplimiento normativo

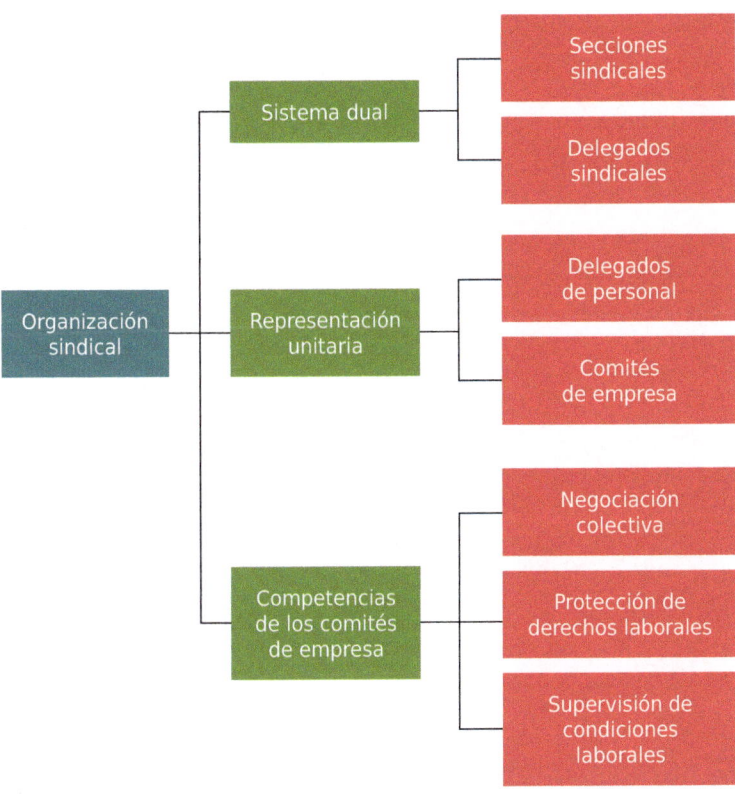

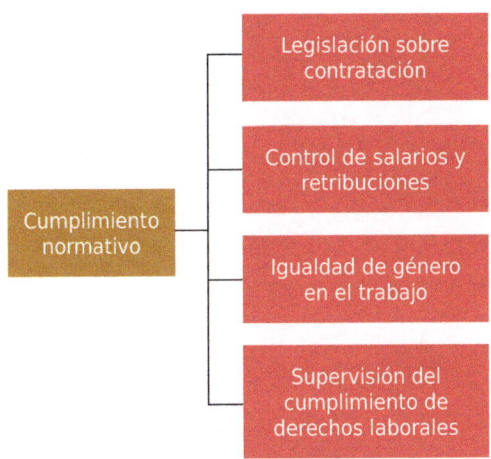

Ejercicios de autoevaluación Unidad de Aprendizaje 1

1. Indica si las siguientes oraciones son verdaderas o falsas.

    a. La representación unitaria en la empresa implica la representación de todos los trabajadores mediante delegados de personal o comité de empresa.

        ■ Verdadero
        ■ Falso

    b. Los planes de igualdad tienen como objetivo eliminar la representación sindical en las empresas.

        ■ Verdadero
        ■ Falso

    c. Un sindicato puede presentar una denuncia ante la Inspección de Trabajo en caso de vulneración de derechos.

        ■ Verdadero
        ■ Falso

2. ¿Cuál de los siguientes es un derecho básico de los representantes sindicales?

    a. Elegir al personal directivo de la empresa
    b. Acceder a información relevante sobre condiciones laborales
    c. Decidir las promociones internas
    d. Fijar el salario mínimo interprofesional

3. ¿Qué figura representa a los trabajadores afiliados a un sindicato en la empresa?

    a. Delegado de personal
    b. Delegado sindical
    c. Representante de la dirección
    d. Inspector laboral

4. ¿Cuál de estos contratos fue eliminado tras la reforma laboral de 2021 en España?

    a. Contrato indefinido
    b. Contrato de sustitución
    c. Contrato por obra o servicio determinado
    d. Contrato fijo-discontinuo

5. ¿Qué elementos deben estar siempre presentes en un contrato laboral?

    a. Descripción del puesto de trabajo y condiciones
    b. Firma del representante sindical
    c. Bonificación salarial
    d. Firma del trabajador y empleador

6. ¿Qué acciones puede tomar un sindicato ante una vulneración de derechos? Selecciona las opciones que correspondan.

    a. Aprobar una sanción directamente
    b. Presentar una denuncia ante la inspección de trabajo
    c. Cancelar los contratos de los trabajadores
    d. Solicitar la intervención de la autoridad laboral

7. ¿Qué función tiene el comité de empresa?

    a. Gestionar los recursos económicos de la empresa
    b. Contratar y despedir empleados
    c. Representar a los trabajadores y negociar condiciones laborales
    d. Supervisar el trabajo del equipo directivo

8. ¿Qué garantiza la "inamovilidad laboral" de un representante sindical?

    a. Libertad para cambiar de puesto dentro de la empresa
    b. Protección frente a despidos o sanciones injustificadas
    c. Aumento salarial automático
    d. Derecho a teletrabajo permanente

9. **¿Cuál fue uno de los principales objetivos de la reforma laboral en España aprobada mediante el Real Decreto Ley 32/2021?**

    a. Incrementar la temporalidad de los contratos laborales.
    b. Reducir la temporalidad y fortalecer la estabilidad en el empleo.
    c. Eliminar la negociación de condiciones laborales.
    d. Privatizar los servicios de contratación laboral.

10. **¿Cuál de las siguientes afirmaciones es correcta sobre el proceso de contratación laboral según la normativa actual y buenas prácticas?**

    a. Solo se deben evaluar las cualificaciones técnicas del candidato.
    b. La promoción interna no influye en la motivación ni en la lealtad de los empleados.
    c. La contratación debe incluir un análisis de necesidades laborales, negociación de condiciones claras y cumplimiento de la legislación vigente.
    d. Los sindicatos no tienen ningún papel en la contratación laboral.

La acción sindical y la negociación colectiva

Contenido

Objetivos

El objetivo general de esta Unidad de Aprendizaje es:

→ Definir los conceptos y las actuaciones sindicales dentro y fuera de la organización, entendiendo las ventajas de la negociación colectiva por encima de la individual, sus formas de lucha y de movilización.

Los objetivos específicos de esta Unidad de Aprendizaje son:

→ Identificar el papel y la función de los sindicatos dentro del ámbito laboral.

→ Analizar las diferentes formas de acción sindical.

→ Explicar el proceso de negociación colectiva.

→ Valorar la influencia de los convenios colectivos y otros acuerdos marco.

→ Reflexionar sobre la importancia de la organización y la unidad de los trabajadores.

→ Reconocer el papel del sindicalismo en contextos de crisis económicas, sociales o sanitarias.

→ Interpretar los contenidos fundamentales del convenio colectivo del sector del metal, aplicándolos a situaciones reales del entorno laboral de forma clara y accesible.

1. Introducción

La acción sindical y la negociación colectiva son herramientas clave para que los trabajadores defiendan sus derechos y mejoren sus condiciones laborales.

En un entorno laboral en constante cambio, entender su funcionamiento es esencial para promover la justicia y la equidad. Imaginemos una empresa con largas jornadas y salarios injustos: el sindicato se convierte en una fuerza que impulsa cambios reales mediante acciones colectivas y negociaciones. Estas no solo equilibran el poder entre empleados y empleadores, sino que también logran acuerdos que regulan desde los sueldos hasta la protección de datos.

Además, su alcance va más allá de cada empresa, influyendo en convenios sectoriales y protegiendo a los trabajadores en tiempos de crisis. Conocer estos mecanismos permite a cualquier trabajador tomar decisiones informadas y participar activamente en la construcción de un entorno laboral más justo. En los próximos temas, exploraremos cómo operan los sindicatos y la importancia de los acuerdos negociados.

2. Descripción de la acción sindical en la empresa

 HILO CONDUCTOR

Laura, tras detectar varias irregularidades en su empresa —como la concatenación de contratos temporales, desigualdades salariales entre hombres y mujeres y la falta de medidas de conciliación familiar—, decide acudir a Carlos, el delegado sindical. Carlos le explica que, como representantes de los trabajadores, tienen no solo el derecho, sino el deber de actuar ante situaciones que vulneren la legislación laboral o los convenios colectivos. A partir de ese momento, comienza una acción sindical organizada: se recogen testimonios, se revisan contratos y nóminas y se convocan reuniones con la dirección para plantear las reclamaciones. Gracias a este proceso, la empresa revisa los contratos en fraude de ley, ajusta las tablas salariales y pone en marcha un plan de igualdad

La acción sindical en la empresa defiende los derechos de los trabajadores y mejora sus condiciones mediante estrategias que equilibran el poder con los empleadores, promoviendo un entorno laboral justo y equitativo.

 IMPORTANTE

Una de las principales funciones de la acción sindical es servir de puente entre la dirección de la empresa y los trabajadores. Los sindicatos actúan como mediadores formales en las negociaciones colectivas, donde se discuten aspectos fundamentales como salarios, horarios de trabajo, condiciones laborales, beneficios y políticas de seguridad e higiene.

Este proceso es esencial para garantizar que la toma de decisiones no recaiga exclusivamente en la administración de la empresa, sino que tome en cuenta las inquietudes y necesidades del personal.

Para describir con precisión la acción sindical en la empresa, es importante comprender sus componentes clave:

Organización de los trabajadores	- Los sindicatos fomentan la afiliación y unidad de los trabajadores, fortaleciendo su capacidad de negociación frente a la empresa.
Representación	- Los delegados sindicales, elegidos por los empleados, defienden sus derechos, comunican sus demandas y negocian con la dirección.
Formación	- Los sindicatos ofrecen formación para mejorar las competencias de los trabajadores, reforzando su posición en el ámbito laboral.
Asesoramiento jurídico	- Brindan apoyo legal en conflictos como despidos, discriminación o incumplimientos, protegiendo a los empleados según la ley.

Un aspecto vital de la acción sindical es la **negociación colectiva.** Este proceso implica la discusión y negociación de condiciones laborales entre los representantes sindicales y la dirección de la empresa.

 **DEFINICIÓN**

Negociación colectiva
Es un mecanismo clave para resolver conflictos laborales sin recurrir a medidas de presión como huelgas o paros. Además, tiene el potencial de establecer un marco regulador que promueva la estabilidad laboral y el desarrollo económico sostenible de la empresa.

Como se ha mencionado en la definición de la negociación colectiva, tenemos instrumentos de presión tales como las huelgas y otras medidas son herramientas dentro de la acción sindical que, aunque son vistas como un último recurso, son fundamentales en la defensa de los derechos laborales.

Trabajadores/as de la cadena estadounidense Starbucks, protestando por las condiciones laborales que ofrece la compañía.

 **EJEMPLO**

Un ejemplo claro de acción sindical efectiva es la implementación de comités de salud y seguridad laboral, los cuales son conformados por representantes sindicales y de la empresa. Estos comités tienen el objetivo de mejorar las condiciones laborales en términos de seguridad e higiene, reduciendo así el riesgo de accidentes y enfermedades profesionales. A través de estas instancias, se promueve un ambiente de trabajo más seguro, lo que redunda en beneficios tanto para los trabajadores como para la empresa.

La acción sindical también busca impulsar políticas empresariales como la igualdad de género, la diversidad y la responsabilidad social. Además de influir dentro de la empresa, los sindicatos pueden incidir en la legislación laboral y en políticas públicas mediante campañas y alianzas, promoviendo reformas que mejoren la protección de los trabajadores. Ejemplos de derechos conseguidos a través de la negociación sindical han sido:

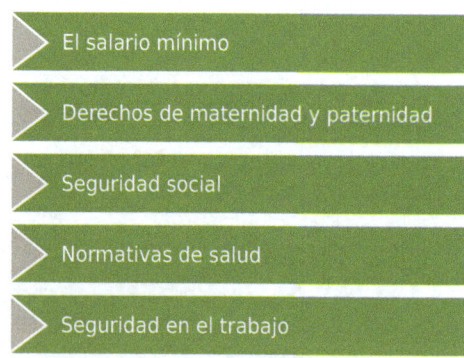

2.1. La asamblea dentro del centro de trabajo

La asamblea dentro del centro de trabajo constituye un pilar fundamental en la dinámica de la acción sindical y la negociación colectiva. A continuación, definimos el concepto de asamblea.

 **DEFINICIÓN**

Asamblea dentro del trabajo

Es el espacio donde los trabajadores pueden reunirse para debatir, decidir y proyectar sus intereses colectivos de manera efectiva.

La asamblea es la expresión máxima de la democracia directa en el ámbito laboral y permite a los trabajadores ejercer su derecho a la participación y al ejercicio de la acción sindical. Uno de los objetivos primordiales de la asamblea es proporcionar un contexto en el que la voz de cada trabajador, sin importar su posición dentro de la estructura de la empresa, pueda ser escuchada. Otra forma de llamar a la asamblea es la de **foro abierto,** que ayuda a identificar los siguientes elementos:

Problemas comunes	Discutir las condiciones laborales	Proponer mejoras	Fortalecer la unidad de los trabajadores

En la práctica, organizar una asamblea eficiente requiere de una serie de consideraciones logísticas y normativas que pasamos a exponer:

Notificación con antelación a los trabajadores		Consentimiento del empleador si se hace en la empresa		*Timing* para garantizar la asistencia

 IMPORTANTE

La celebración de la asamblea generalmente debe ser notificada con antelación a los trabajadores y con frecuencia necesita del consentimiento del empleador en cuanto al tiempo y espacio cuando se realiza en el centro de trabajo. Esto es esencial para asegurar que todos los trabajadores interesados puedan asistir

Continúa en página siguiente >>

<< Viene de página anterior

sin que su participación resulte en sanciones laborales. Un aspecto crucial es que el *timing* de la asamblea debe ser adecuado para maximizar la asistencia, evitando obstaculizar las operaciones laborales de la empresa.

Los elementos principales de la asamblea que normalmente se siguen cuando se convoca son los siguientes:

- **Orden del día:** lista de temas que tratar para centrar el debate y facilitar la toma de decisiones.
- **Apertura:** presentación de informes por parte de representantes, que informa sobre avances y prepara a los asistentes para participar con conocimiento.
- **Discusión:** espacio para opinar, proponer y votar. Se valora el respeto, la participación activa y la toma de decisiones colectivas.
- **Cierre:** resumen de los temas tratados y de los acuerdos alcanzados.

La asamblea ayuda a construir la identidad colectiva, que es una de las bases sobre las que se sostiene la acción sindical, haciendo de esta un espacio imprescindible para el empoderamiento de los trabajadores. Un desafío frecuente en la organización de asambleas es lograr la participación de la mayor cantidad posible de trabajadores. Diversos factores pueden afectar la asistencia, tales como:

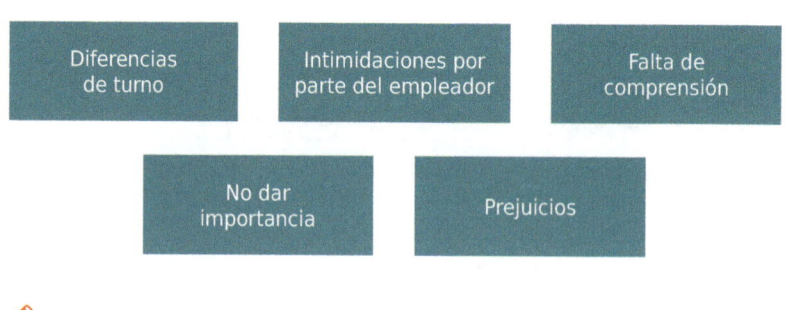

 **NOTA**

Un aspecto notable de las asambleas es su capacidad para influir en el diálogo y las decisiones a nivel directivo dentro de la empresa. Aunque básicamente se

Continúa en página siguiente >>

<< Viene de página anterior

limitan a debates internos entre los trabajadores, las conclusiones y las resoluciones adoptadas en las asambleas pueden traducirse en acciones concretas que impacten en el contenido y desarrollo de la negociación colectiva. Las empresas que reconocen el valor de la retroalimentación proveniente de sus asambleas tienden a mantener relaciones laborales más sanas y productivas, ya que se basan en un equilibrio entre las necesidades empresariales y los derechos de los trabajadores.

2.2. Confidencialidad y protección de datos

La confidencialidad y la protección de datos son pilares fundamentales en el contexto sindical y la negociación colectiva. A medida que las organizaciones sindicales recopilan y manejan información de carácter sensible, es imprescindible que se establezcan políticas y prácticas sólidas para garantizar que dichos datos se empleen de manera ética y responsable.

Importancia de la confidencialidad en el ámbito sindical

En el ámbito sindical, la confidencialidad es clave para generar confianza. Proteger datos como afiliaciones, quejas y estrategias evita poner en riesgo a los trabajadores y a los delegados sindicales. Para ello deben aplicarse medidas específicas que garanticen su cumplimiento, tales como:

- ➲ **Construcción de confianza:** la confidencialidad garantiza que los trabajadores puedan expresarse con libertad y afiliarse sin temor.
- ➲ **Protección contra represalias:** evita represalias por parte de la empresa, protegiendo la participación sindical de consecuencias negativas.
- ➲ **Integridad del proceso de negociación:** preservar la confidencialidad fortalece la estrategia sindical y evita filtraciones que debiliten su posición.

Protección de datos: responsabilidad y cumplimiento legal

En las últimas décadas, la legislación en torno a la protección de datos ha evolucionado significativamente, imponiendo obligaciones claras a las organizaciones, incluidas las sindicales. La protección de datos personales no solo es una obligación legal, sino también una responsabilidad ética. Las normativas legales de protección de datos son las siguientes:

- ⮩ **Reglamento General de Protección de Datos (RGPD):** empresas y sindicatos en la Unión Europea, y aquellos que tratan con ciudadanos de la UE, deben cumplir con el RGPD, que establece directrices estrictas sobre el manejo y procesamiento de datos personales.
- ⮩ **Leyes nacionales de protección de datos:** en muchos países existen leyes que regulan de manera estricta cómo deben manejarse los datos personales, estableciendo sanciones para los incumplimientos.
- ⮩ **Ley Orgánica de Protección de Datos y garantía de los derechos digitales (LOPDGDD):** la LOPDGDD (Ley Orgánica de Protección de Datos Personales y garantía de los derechos digitales) es la norma española que adapta el Reglamento General de Protección de Datos (RGPD) de la Unión Europea al ordenamiento jurídico nacional. Entró en vigor en diciembre de 2018 y tiene como objetivo proteger los datos personales de los ciudadanos y garantizar sus derechos digitales en un entorno cada vez más conectado.

El cumplimiento y la conformidad con estas leyes son esenciales para evitar sanciones que podrían afectar no solo la operatividad, sino también la reputación del sindicato, dejando al descubierto su inoperatividad.

Los **principios fundamentales** en los que se asientan la protección de datos son:

Limitación del fin
- Los datos personales deben recogerse con fines claros y legítimos y no deben usarse de manera que sea incompatible con dichos fines.

Proporcionalidad y minimización
- Solo deben recopilarse los datos estrictamente necesarios, evitando la recopilación excesiva, que podría vulnerar la privacidad de los trabajadores.

Transparencia
- Los trabajadores deben ser informados de cómo se utilizan sus datos, garantizando que haya un consentimiento informado.

Seguridad de los datos
- Implementar medidas de seguridad adecuadas para proteger los datos personales contra pérdida, robo o acceso no autorizado.

La empresa es responsable de la guarda y custodia de los datos que maneja o tramita. Las distintas formas que tiene una empresa de guardar la información sensible son las siguientes:

- **Cifrado de datos:** implementar el cifrado de los datos, tanto en almacenamiento como en transmisión, para protegerlos contra accesos no autorizados.
- **Controles de acceso:** establecer controles de acceso estrictos, asegurando que solo el personal autorizado pueda acceder a la información confidencial.
- **Registro y monitoreo:** mantener registros detallados de quién accede a datos sensibles y realizar auditorías regulares para monitorear el cumplimiento y detectar posibles incumplimientos o amenazas.

2.3. Pautas para la acción sindical

En el contexto actual, donde las relaciones laborales están en constante evolución, la acción sindical se erige como una herramienta esencial para el resguardo de los derechos de los trabajadores y la promoción de condiciones laborales justas y equitativas.

A continuación, indicamos las pautas prácticas y estratégicas que los sindicatos pueden adoptar para que su acción sea efectiva, integrada y adaptada a la realidad contemporánea.

Conocimiento y educación

La base de cualquier acción sindical eficaz es un profundo conocimiento del marco legal, económico y social en el que se desenvuelven las relaciones laborales. Esto permite trazar estrategias mejores para lograr los objetivos planteados.

IMPORTANTE

Es fundamental que los líderes sindicales y sus integrantes estén bien informados sobre las leyes laborales vigentes, los derechos de los trabajadores y las obligaciones de los empleadores. Además, deben tener un sólido entendimiento de los procesos y estructuras de negociación colectiva.

Evaluación del contexto

Antes de emprender cualquier acción concreta, es crucial que el sindicato realice una evaluación detallada del contexto social, empresarial y económico en el que va a actuar. Esto implica un análisis exhaustivo tanto interno como externo del ambiente laboral:

- ➲ **Internamente:** el sindicato debe evaluar la fortaleza de su propia estructura organizativa, la cohesión entre sus miembros y el nivel de compromiso hacia los objetivos comunes.
- ➲ **Externamente:** es necesario comprender las dinámicas de la industria en la que se opera, las políticas de la empresa, las condiciones económicas actuales y cualquier cambio legislativo relevante que pueda afectar a los trabajadores. Una comprensión cabal de estos factores permitirá planificar acciones más informadas y efectivas.

Estrategia de comunicación

La comunicación eficaz es un pilar fundamental en cualquier acción sindical. Implica que las decisiones, la información, los planes, objetivos, entre otros elementos, sean de pleno conocimiento entre todos los elementos interesados.

IMPORTANTE

Es esencial que los sindicatos cuenten con una estrategia de comunicación eficaz, usando canales diversos para informar con claridad a sus miembros y al público. Las campañas deben transmitir mensajes que conecten con las necesidades y aspiraciones.

Fomentar la participación activa

Fortalecer la acción sindical requiere fomentar la participación de todos los miembros, especialmente de grupos subrepresentados, como mujeres y jóvenes. Su inclusión en roles de liderazgo enriquece la diversidad, promueve la equidad y refuerza la organización.

EJEMPLO

Ejemplos de grupos subrepresentados son:

- Mujeres
- Jóvenes
- LGTBIQ+
- Discapacidad
- Cargas familiares

Alianzas y redes

Una de las estrategias que tienen los sindicatos para amplificar el impacto de sus acciones es considerar la formación de alianzas estratégicas con otras organizaciones, tanto nacionales como internacionales, que compartan objetivos comunes. Estas alianzas pueden ser con:

- Sindicatos
- ONG
- Grupos comunitarios
- Asociaciones
- Agrupaciones vecinales

Innovación y adaptabilidad

En la era digital en la que vivimos, la adopción de nuevas tecnologías, como plataformas digitales para reuniones, aplicaciones móviles de sindicalización y análisis de datos robustos, puede potenciar la eficiencia de las acciones sindicales. Asimismo, estar abiertos a nuevas formas de organización y movilización puede ayudar a los sindicatos a mantenerse relevantes y efectivos.

2.4. El sindicato más allá de la empresa

El elemento de referencia donde los sindicatos han tenido una función históricamente relevante y con un epicentro claro ha sido la empresa. Aquí, de manera directa, los sindicatos han enfocado sus esfuerzos en diferentes objetivos generales, tales como:

| Protección laboral | Mejora laboral | Negociación colectiva | Resolución de conflictos |

A continuación, reflejaremos con más detalle las **diferentes esferas** en las que pueden intervenir las acciones sindicales.

La función sindical en la esfera del sector económico

La economía es algo muy heterogéneo y necesita de medidas focalizadas dependiendo del sector que se trate; no es lo mismo la industria del metal y lo que puedan necesitar sus trabajadores que el sector de la educación o el agrícola. Cada sector tiene retos particulares que exigen respuestas sindicales específicas, como la privacidad en tecnología o la seguridad laboral en manufactura.

NOTA

Los sindicatos sectoriales trabajan para identificar y abordar estas diferencias significativas, estableciendo marcos de negociación sectorial que incluyen a los diferentes actores dentro de un mismo sector.

La interconexión y cooperación intersindical

Como hemos visto anteriormente con el tema de las alianzas, los sindicatos no actúan en aislamiento. De hecho, todo lo contrario: han creado organismos supranacionales para poder tener mayor alcance. En un esfuerzo por fortalecer sus posiciones y obtener resultados más efectivos, las organizaciones sindicales a menudo cooperan a nivel local, nacional e internacional.

IMPORTANTE

Esta cooperación es esencial en un mundo con economías intrincadamente conectadas y empresas que operan sin consideración de fronteras geográficas. Un ejemplo clave es la colaboración para la organización de campañas internacionales que desafían prácticas ilegales o inmorales en multinacionales que pueden estar afectando a trabajadores en diferentes partes del mundo.

La **Confederación Sindical Internacional** (CSI) es una alianza global de sindicatos que combate problemas como la explotación laboral y defiende los derechos humanos, fortaleciendo la influencia sindical a nivel internacional y nacional.

PARA SABER MÁS

En el siguiente enlace podrás conocer un poco más del cometido fundamental y todas las acciones de la CSI. Accede desde aquí.

https://redirectoronline.com/ctrh00060201

Las acciones sindicales en políticas públicas

Los sindicatos son unos de los elementos principales de la economía y, con base en esta importancia, participan de forma activa en el diseño y ejecución de políticas públicas. De esta manera, los sindicatos han reconocido la influencia significativa que pueden tener más allá de la empresa, afectando al diseño de políticas públicas que pueden llegar a cambiar la vida de la ciudadanía.

Como representantes de los intereses de los trabajadores, los sindicatos en ocasiones se involucran directamente en las políticas que afectan a toda la ciudadanía, dado que las políticas públicas pueden impactar de manera directa en las condiciones de trabajo y en el bienestar general de sus miembros.

 EJEMPLO

Un ejemplo puede ser la presión sindical para mejorar la legislación sobre seguridad social o establecer leyes más estrictas para regular la subcontratación y el trabajo temporal.

Educación y responsabilidad social de los sindicatos

El sindicalismo actual asume una responsabilidad social que va más allá del ámbito laboral. Entre otras responsabilidades, han impulsado iniciativas educativas y de formación para trabajadores y grupos vulnerables de la comunidad.

Los sindicatos como promotores de derechos humanos laborales internacionales

La autonomía sindical internacional permite defender derechos laborales en países con leyes insuficientes, usando campañas globales y las normas de la **OIT** (Organización Internacional del Trabajo) para proteger principios como el derecho a huelga o la abolición del trabajo infantil.

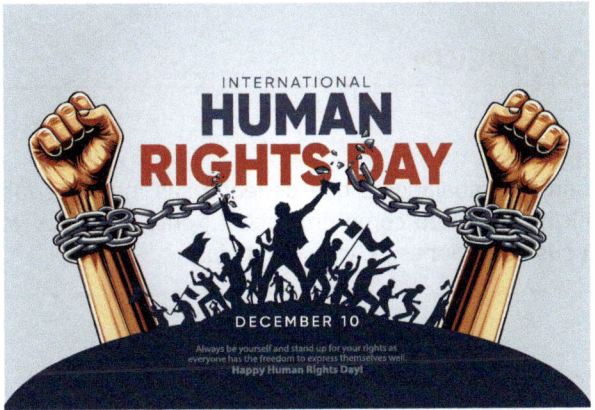

Los derechos humanos son una de las reivindicaciones más potentes que realizan los sindicatos en el mundo entero.

 PARA SABER MÁS

En el siguiente enlace encontrarás información sobre la Organización Internacional del Trabajo, sus objetivos, funciones y principales acciones. Accede desde aquí.

https://redirectoronline.com/ctrh00060202

2.5. El concepto de sindicato

Ahora vamos a estudiar el concepto de **sindicato,** que constituye un punto medular en el análisis de la función sindical y la negociación colectiva. Entendiendo este concepto, se puede llegar a comprender el alcance que los sindicatos pueden llegar a tener.

 **DEFINICIÓN**

Sindicato

Asociación de trabajadores que defiende sus intereses laborales, sociales y económicos, actuando como protección frente a abusos y como medio para mejorar sus condiciones de vida y trabajo.

- -

Los sindicatos nacieron durante la Revolución Industrial como respuesta a las duras condiciones laborales, convirtiéndose en la voz colectiva que reclamaba justicia y derechos para los trabajadores.

La actividad sindical ha evolucionado significativamente desde sus primeros días en la Revolución Industrial hasta nuestros días. Inicialmente, la lucha sindical se centraba en cuestiones básicas que afectaban enormemente la vida de los trabajadores, tales como:

- Salarios justos
- Reducción de horas
- Seguridad laboral
- Condiciones de salubridad

Sin embargo, a medida que las sociedades han avanzado, los sindicatos han ampliado su ámbito de acción para abordar cuestiones más complejas, entre las que se encuentran:

Políticas sociales

Planes de jubilación

Salud ocupacional

Derechos de género

Diversidad en el trabajo

IMPORTANTE

Es crucial entender que un sindicato no opera en aislamiento. Su eficacia está ligada al marco legal y político en el que existe y a las políticas públicas que son capaces de sacar adelante.

Las leyes sobre sindicatos varían según el país y regulan su formación y funcionamiento. Además, los sindicatos deben coordinarse con otras formas de representación laboral y su acción se ha ampliado más allá de los trabajadores asalariados, tales como:

- ⮞ Trabajadores independientes
- ⮞ Autónomos
- ⮞ Trabajadores en plataformas digitales

2.6. La fuerza del sindicato

Los sindicatos son clave para tener una sociedad más justa e igualitaria, no solo por su capacidad de negociación, sino también por su influencia en políticas laborales y sociales que elaboran los Gobiernos y que cuentan con los sindicatos para diseñarlas.

IMPORTANTE

Un sindicato efectivo es aquel que no solo actúa como portavoz de los trabajadores, sino que también empodera a estos para que sean agentes activos de cambio.

Logros laborales tan fundamentales como la jornada de ocho horas, el salario mínimo y las prestaciones de seguridad social, entre otros, se deben en gran parte a la persistente lucha de sus representantes.

En la actualidad, los sindicatos combaten la desigualdad salarial, la brecha de género y adaptan sus estrategias para afrontar retos como el teletrabajo y los derechos laborales en entornos digitales, por lo que ahora los frentes son diferentes por los cambios que están aconteciendo en la sociedad.

La fuerza del sindicato se fundamenta en tres pilares esenciales:

- **Solidaridad y unidad entre los miembros:** la unión de los trabajadores fortalece al sindicato. La solidaridad impulsa la participación y permite acciones colectivas efectivas, como huelgas, en defensa de los derechos comunes.
- **Capacidad de organización:** una buena estructura interna y la formación continua de los afiliados permiten al sindicato coordinar sus esfuerzos y abordar los problemas de forma eficaz.
- **Articulación estratégica de acciones:** la fuerza sindical se fortalece con alianzas y acciones coordinadas con otros actores sociales, combinando negociación, visibilidad pública y recursos legales.

2.7. La organización del sindicato

La organización interna del sindicato es fundamental para lograr con éxito sus objetivos. Una buena organización sindical fortalece la acción y la negociación colectiva. Una estructura sólida mejora la comunicación, la movilización y la capacidad de adaptación del sindicato.

La estructura interna de un sindicato está compuesta por los siguientes órganos:

- **Asamblea General:** este es el órgano superior de decisión en el sindicato. Está compuesto por todos los miembros y juega un rol crucial en la aprobación de las políticas generales y en la elección de los líderes.
- **Junta Directiva o Comité Ejecutivo:** comúnmente elegido por los miembros de la asamblea, este comité es responsable de llevar a cabo las decisiones y políticas dictadas por la asamblea general. Los roles dentro de la Junta Directiva pueden incluir un presidente, un secretario general, tesoreros y otros cargos específicos según las necesidades del sindicato.
- **Comités temáticos:** estos comités se centran en áreas específicas, como la negociación colectiva, la educación y formación y los derechos laborales. Los comités permiten que el sindicato aborde temas específicos de manera más detallada.

● **Delegados de sección o representantes:** estos son miembros que operan dentro de las diferentes áreas de trabajo o regiones. Son el enlace directo entre la base de miembros del sindicato y sus líderes, asegurando que las voces de todos los trabajadores sean escuchadas.

2.8. Los objetivos de la acción sindical

Como hemos comentado, la acción sindical es un pilar fundamental en la dinámica laboral moderna, diseñada para proteger y promover los intereses de los trabajadores. Los objetivos de la acción sindical evolucionan y se adaptan a las condiciones cambiantes del entorno laboral, aunque su esencia permanece constante:

Salvaguarda de los derechos	Promoción del diálogo social

A partir de la organización del sindicato, que implica un ordenamiento interno que permite eficacia y coherencia, la acción sindical se proyecta hacia el entorno laboral con objetivos claros y definidos.

Salvaguarda de derechos laborales

El objetivo principal de la acción sindical es proteger los derechos laborales, vigilando el cumplimiento de leyes y contratos. Los sindicatos actúan como garantes de que empleadores y trabajadores respeten la normativa vigente. La protección de derechos laborales incluye:

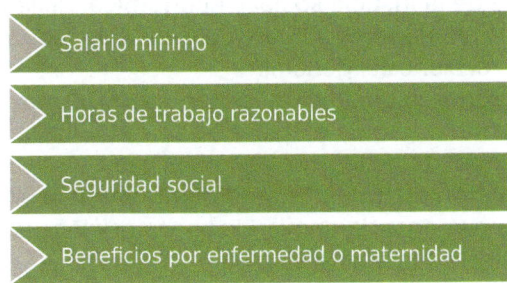

- Salario mínimo
- Horas de trabajo razonables
- Seguridad social
- Beneficios por enfermedad o maternidad

◎ EJEMPLO

Un buen ejemplo del servicio de un sindicato es: ante despidos injustificados o discriminatorios, los sindicatos actúan ofreciendo asesoría legal y, si es necesario, recurren a acciones judiciales para lograr la reinstalación o compensación del trabajador. Otro ejemplo de objetivo de los sindicatos es la mejora de las condiciones de trabajo: mejorar las condiciones laborales es un objetivo clave del sindicalismo, mediante negociaciones salariales y acciones para reforzar la salud y seguridad en el trabajo, promoviendo entornos laborales seguros. En sectores de alto riesgo, como la minería, los sindicatos son clave para reforzar las normas de seguridad y proteger la vida y salud de los trabajadores.

Promoción del diálogo social

El diálogo social es esencial para un entorno laboral equilibrado. Los sindicatos promueven la comunicación entre trabajadores, empleadores y Gobiernos, buscando soluciones consensuadas y políticas laborales justas para todos.

Por último, el resto de los objetivos principales de la acción sindical son los siguientes:

- **Fomento de la solidaridad y unidad entre trabajadores:** los sindicatos promueven la cohesión entre trabajadores mediante acciones colectivas e inclusión de grupos marginados, fortaleciendo la lucha común.
- **Innovación y adaptación ante nuevas formas de trabajo:** frente a nuevas formas de empleo como el teletrabajo o plataformas digitales, los sindicatos buscan proteger derechos y promover la formación digital.
- **Defensa de la justicia social y económica:** defienden salarios dignos, acceso a educación y salud y políticas que reduzcan desigualdades y mejoren el bienestar general.
- **Formación y capacitación de los trabajadores:** impulsan la capacitación para mejorar la empleabilidad y adaptación de los trabajadores ante cambios tecnológicos y económicos.
- **Intervención en políticas medioambientales:** integran objetivos ecológicos en su agenda, apoyando una transición justa hacia modelos sostenibles sin perjudicar al empleo.

2.9. Los servicios del sindicato

Los sindicatos ofrecen una variedad de servicios tanto a sus afiliados como, en algunos casos, a la ciudadanía en general. A continuación, se explicará cada uno de ellos en los apartados siguientes.

Asesoramiento jurídico y representación legal

Uno de los servicios primordiales que brindan los sindicatos es el asesoramiento jurídico y la representación legal de sus afiliados. En el complejo entramado de la legislación laboral, los trabajadores se enfrentan a menudo con situaciones que requieren el conocimiento especializado de la ley. Es muy variada la casuística de los problemas que tienen los trabajadores con sus empresas en lo relativo a las relaciones laborales (ejemplos: bajas, cuantía de los salarios, comisiones, despidos improcedentes, *mobbing,* entre otros).

Uno de los servicios más importantes que ofrece un sindicato es el asesoramiento legal laboral.

 **NOTA**

Los sindicatos proporcionan acceso a consejeros legales que pueden asesorar a los trabajadores sobre sus derechos y obligaciones, así como asistirlos en litigios laborales, mediación con empleadores o en instancias ante tribunales laborales. Por ejemplo, en caso de un despido injustificado, el sindicato se convierte en

Continúa en página siguiente >>

<< Viene de página anterior

un defensor esencial para el trabajador, garantizando que el proceso siga de acuerdo con la legislación vigente y buscando al mismo tiempo la mejor solución para el afectado, ya sea mediante la reincorporación o la indemnización adecuada.

Negociación colectiva y convenios

Otro pilar esencial de los servicios sindicales es la negociación colectiva. Los sindicatos actúan como interlocutores entre los trabajadores y los empleadores, negociando convenios colectivos que estipulen no solo los salarios, sino también otras condiciones tales como:

- ⤵ Horarios de trabajo
- ⤵ Políticas de seguridad
- ⤵ Beneficios de salud

Esto permite a los trabajadores obtener mejores condiciones de empleo que si la negociación fuera del trabajador solo frente a la empresa. Estas negociaciones se sustentan en la fuerza del colectivo.

 **EJEMPLO**

Un sindicato bien estructurado puede negociar un convenio que incluya cláusulas específicas sobre la seguridad laboral, minimizando así los riesgos a los que se enfrentan los trabajadores diariamente o asegurando un incremento salarial anual que mantenga el poder adquisitivo de los empleados.

Capacitación y desarrollo profesional

La formación continua es un servicio clave de los sindicatos, que ofrecen cursos para mejorar las habilidades laborales, facilitar la adaptación a cambios y aumentar la empleabilidad y el crecimiento profesional. Este autor ha pasado gran parte de su vida profesional en este ámbito y puede atestiguar de primera mano la labor tan esencial para la sociedad que se realiza ayudando a personas con poca o nula empleabilidad a conseguir un empleo gracias a los cursos de formación.

 EJEMPLO

Un sindicato en el sector tecnológico puede ofrecer certificaciones en nuevos *software* o metodologías ágiles, lo que no solo mejora las capacidades del trabajador, sino que también aporta valor al empleador al tener un equipo más competente.

Beneficios de salud, previsión y bienestar

Como hemos explicado, los sindicatos actúan en el entorno laboral inmediato, o sea, ayudando en el día a día de los trabajadores, aunque también los sindicatos se comprometen con el bienestar a largo plazo de sus afiliados, tomando una serie de medidas que pasamos a exponer.

Los tres pilares fundamentales de estos beneficios a largo plazo son los servicios en salud y bienestar:

- Seguros médicos
- Planes de pensiones
- Fondos de contingencia

Obtener estos servicios por parte de los sindicales, permite a los trabajadores una mayor estabilidad y tranquilidad fuera del ámbito laboral.

 EJEMPLO

Algunos sindicatos negocian seguros colectivos de salud, que pueden ser contratados a costos reducidos, haciéndolos accesibles para los trabajadores y sus familias, cubriendo desde consultas médicas hasta intervenciones quirúrgicas necesarias.

Asistencia social y familiar

Los sindicatos también suelen incluir entre sus servicios el apoyo social y las ayudas a las familias de sus afiliados, ya que también es importante el entorno del trabajador y no solo lo relativo al trabajo en sí mismo. Esto puede incluir:

- Provisión de fondos de emergencia
- Asesoramiento en situaciones de crisis
- Apoyo en caso de fallecimiento o discapacidad
- Programa de becas para hijos de trabajadores

 **EJEMPLO**

La ayuda escolar que algunos sindicatos ofrecen al inicio de cada año lectivo, proporcionando a los padres afiliados recursos para la compra de libros, uniformes y útiles escolares, aliviando así parte de la carga económica de las familias.

Defensa de la igualdad y no discriminación

Los sindicatos también defienden los derechos humanos, promoviendo la igualdad y la no discriminación en el trabajo y ofreciendo servicios que aseguran un trato justo para todos los empleados. La sociedad europea, y también la española, ha cambiado sobremanera en cuestiones culturales, con la venida de personas migrantes que se han instalado en nuestro país. Esto ha provocado que estas personas en algunas situaciones puedan verse desprotegidas al acceder al mercado laboral por su situación de vulnerabilidad.

 **EJEMPLO**

A través de comités o grupos de trabajo, los sindicatos pueden desarrollar políticas de igualdad de género en la empresa, fomentar prácticas inclusivas y proporcionar cuando es necesario un espacio seguro para discutir abiertamente las experiencias de discriminación y cómo abordarlas adecuadamente.

Iniciativas culturales y recreativas

Los sindicatos organizan actividades culturales y recreativas para sus miembros, fomentando la cohesión, el sentido de pertenencia y el fortalecimiento de los lazos comunitarios. Está muy demostrado que estas acciones propician un buen entorno para el desarrollo personal y no solo, siempre, profesional de los trabajadores.

 PARA SABER MÁS

En el siguiente enlace podrás leer un manifiesto de un sindicato sobre el trabajo y la cultura. Accede desde aquí.

https://redirectoronline.com/ctrh00060203

 ACTIVIDAD COMPLEMENTARIA

2. Busca en internet las páginas oficiales de sindicatos mayoritarios en España (por ejemplo, UGT, CC. OO., CSIF, etc.) y selecciona dos de ellos para localizar, al menos, cinco servicios concretos que ofrezcan a sus afiliados. Anótalos y explica en qué consiste cada uno.

A continuación, responde a las siguientes preguntas:

- ¿Cuáles de esos servicios te parecerían útiles si estuvieras trabajando actualmente?
- ¿Qué ventajas consideras que tiene afiliarse a un sindicato y qué inconvenientes podría presentar?

3. Definición de la negociación colectiva

 **HILO CONDUCTOR**

Después de conocer sus derechos en materia de prevención y condiciones laborales , Laura empieza a preguntarse cómo se acuerdan cuestiones tan importantes como el salario, la jornada laboral, las vacaciones o los permisos. Carlos, el delegado sindical, le explica que gran parte de esas condiciones no están definidas únicamente por la ley, sino que se **pactan a través de la negociación colectiva** entre los representantes de los trabajadores y la empresa o las patronales del sector.

A medida que avanzamos en este epígrafe, Laura irá descubriendo qué es exactamente la negociación colectiva, quiénes participan en ella, qué temas se pueden negociar y qué valor tienen los convenios colectivos que se derivan de ese proceso. Comprenderá que la negociación colectiva es una herramienta clave para equilibrar intereses y mejorar las condiciones laborales de forma justa y consensuada y que su existencia garantiza la voz colectiva de los trabajadores en la toma de decisiones que afectan a su día a día.

- -

La negociación colectiva es un proceso fundamental en la dinámica de las relaciones laborales, representando una herramienta muy importante para la acción sindical.

DEFINICIÓN

Negociación colectiva
Consiste en un diálogo estructurado entre el empleador, o grupo de empleadores, y uno o varios sindicatos que representan a los trabajadores, con el fin de llegar a un acuerdo que regule las condiciones laborales y los términos de empleo.

- -

Este proceso implica la discusión y el ajuste de aspectos cruciales como:

3.1. Principios y etapas

La negociación colectiva se fundamenta en varios **principios esenciales** que aseguran un desarrollo justo y equilibrado tanto para los empleadores como para los empleados:

- **Buena fe:** requiere que ambas partes se comprometan verdaderamente en el proceso.
- **Comunicación abierta y honesta:** vital para construir y mantener la confianza entre las partes implicadas.
- **Respeto mutuo:** implica reconocer la legitimidad de las necesidades y demandas tanto de los trabajadores como de los empleadores.

Para entender la naturaleza específica de la negociación colectiva, es útil examinar cómo se estructura este proceso. Generalmente, se lleva a cabo en diversas etapas definidas que guían a las partes hacia un acuerdo conciliador:

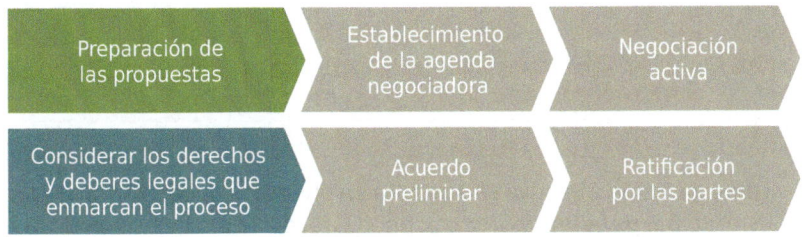

IMPORTANTE

Los acuerdos colectivos tienen una vigencia definida, tras la cual puede iniciarse una nueva negociación para adaptar los términos a las condiciones económicas o sociales actuales.

- -

La negociación colectiva puede ampliar significativamente el alcance de su impacto social al incluir temas como:

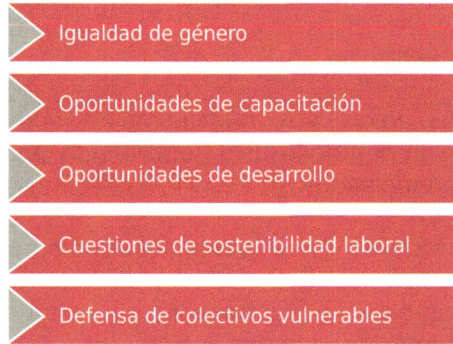

Igualdad de género

Oportunidades de capacitación

Oportunidades de desarrollo

Cuestiones de sostenibilidad laboral

Defensa de colectivos vulnerables

3.2. El concepto de la negociación colectiva

La negociación colectiva es un pilar básico de la acción sindical, mediante el cual trabajadores y empleadores dialogan para acordar condiciones laborales justas, salarios adecuados y protección de derechos.

SABÍAS QUE...

La negociación colectiva se sustenta en diversos conceptos clave. Uno de ellos es el de ***bargaining power*** o poder de negociación, que se refiere a la capacidad que tienen los sindicatos y las organizaciones de empleadores para influir en los resultados del proceso de negociación.

- -

El poder de negociación sindical influye en la calidad de los acuerdos y depende de factores como la afiliación, la unidad interna, el contexto socioeconómico y las relaciones laborales previas.

Los **factores** que afectan al poder de negociación son:

- Densidad sindical
- Unidad interna del sindicato
- Contexto económico y social
- Relaciones laborales históricas

 IMPORTANTE

Un elemento crucial en la negociación colectiva es el *contrato colectivo de trabajo,* que es el resultado tangible del proceso de negociación. Este documento jurídico colectiviza los acuerdos alcanzados, especificando las condiciones de trabajo que serán aplicables durante un tiempo determinado. También establece mecanismos de resolución de conflictos y procedimientos para la revisión de los términos acordados. De esta forma, el contrato colectivo protege los derechos de los trabajadores al tiempo que ofrece a los empleadores la ventaja de contar con un marco claro y previsible para la gestión de su fuerza laboral.

La negociación colectiva inicia con una propuesta sindical basada en las condiciones laborales. A través del diálogo, ambas partes buscan acuerdos, superando barreras como la desconfianza, la resistencia al cambio y factores externos como la economía o las políticas públicas. Entre los principales obstáculos e influencias externas que pueden surgir durante el proceso se encuentran:

La negociación colectiva es un proceso en constante evolución. Requiere representantes sindicales bien formados, con habilidades de comunicación y conocimiento del entorno laboral para defender eficazmente los intereses de los trabajadores.

 PARA SABER MÁS

La negociación colectiva no solo mejora el bienestar laboral, sino que también favorece la competitividad empresarial y la estabilidad económica, al promover salarios dignos, condiciones seguras y mayor productividad. Puedes leerlo en el siguiente artículo. Accede desde aquí.

https://redirectoronline.com/ctrh00060204

3.3. Los tipos de negociación colectiva

La negociación colectiva es fundamental para definir derechos y condiciones laborales. Sus distintos tipos varían según el ámbito y los objetivos y deben adaptarse a cada sector para una estrategia sindical eficaz. Podemos distinguir los siguientes tipos:

- **Negociación colectiva por empresa:** se realiza entre la empresa y sus trabajadores. Es flexible y específica, adaptada al entorno laboral (turnos, primas, seguridad).
- **Negociación colectiva sectorial o de rama:** entre sindicatos y patronales de un sector. Fija condiciones mínimas comunes (salarios, jornada) y evita desigualdades.
- **Negociación colectiva nacional:** a nivel país, entre organizaciones sindicales y empresariales. Establece marcos generales como políticas salariales o sociales.
- **Negociación colectiva internacional:** involucra actores de varios países. Busca fijar estándares laborales comunes y evitar competencia desleal.

⮑ **Negociación colectiva mixta:** mezcla negociación sectorial y por empresa, dando flexibilidad para adaptar convenios a casos concretos.
⮑ **Negociación colectiva concesional:** los trabajadores aceptan recortes (como bajadas salariales) a cambio de beneficios como estabilidad o empleo.

3.4. Las unidades de negociación

Las unidades de negociación son fundamentales en el proceso de negociación colectiva, ya que determinan los grupos de trabajadores y empleadores que participan en el proceso de negociación y alcanzan acuerdos que beneficien a ambas partes. Comprender cómo se delinean y organizan estas unidades es crucial para asegurar procesos de negociación efectivos y justos.

 **DEFINICIÓN**

Unidad de negociación
Grupo de trabajadores con intereses comunes representados colectivamente en las negociaciones con su empleador. La composición de estas unidades puede variar dependiendo de los contextos legales y organizacionales, así como de las características específicas de los lugares de trabajo y sectores industriales involucrados.

La determinación de una unidad de negociación se basa en varios factores clave, tales como:

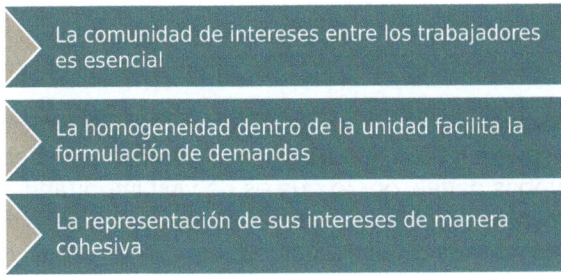

La comunidad de intereses entre los trabajadores es esencial

La homogeneidad dentro de la unidad facilita la formulación de demandas

La representación de sus intereses de manera cohesiva

Otro factor importante en la definición de unidades de negociación es la estructura organizacional de la empresa. Esto incluye cómo están organizadas las distintas divisiones, departamentos y secciones dentro de una organización.

 EJEMPLO

Las grandes empresas multinacionales pueden requerir múltiples unidades de negociación, cada una adaptada a las necesidades de los trabajadores en diferentes regiones o áreas de especialización.

3.5. La legitimación para negociar

La legitimación es la autorización que permite a sindicatos o entidades representar oficialmente a los trabajadores en la negociación colectiva, definiendo quién puede participar y con qué autoridad. Es vital que exista este elemento en la negociación porque de lo contrario lo pactado en no tendría fundamento jurídico para ser aplicado.

La legitimación para negociar tiene implicaciones profundas tanto para los trabajadores como para los empleadores, ya que supone:

Protección de derechos laborales	Estabilidad en las relaciones laborales	Reducción de conflictos colectivos

3.6. La comisión negociadora del convenio

La negociación colectiva es clave para acordar condiciones laborales y la comisión negociadora garantiza la representación y defensa de los intereses de ambas partes, por lo que es de vital importancia que los representantes tengan realmente una buena acogida entre sus representados y los conocimientos adecuados para poder hacer el trabajo correctamente.

IMPORTANTE

La comisión negociadora está formada por representantes de trabajadores y empleadores. Su composición y funcionamiento son claves para el éxito del convenio colectivo.

Composición de la comisión negociadora

La composición de la comisión negociadora sigue criterios legales para garantizar una representación equilibrada, normalmente asignada a los sindicatos mayoritarios del ámbito correspondiente. Estos sindicatos eligen a sus interlocutores, quienes tendrán la tarea de defender las demandas y garantizar el respeto a los derechos de los trabajadores en el proceso negociador.

Las tareas de la comisión negociadora son:

- **Recolección de demandas:** la Comisión recoge y organiza las propuestas de trabajadores y empleadores, como mejoras salariales o mayor flexibilidad laboral.
- **Análisis de contexto y viabilidad:** evalúa el entorno económico, social y legal para determinar qué demandas son viables y cuáles requieren ajuste o negociación.
- **Propuesta de estrategias:** define qué propuestas presentar primero, cuáles reservar y cómo gestionar posibles concesiones durante la negociación.
- **Negociación:** la Comisión representa a las partes, facilitando el diálogo y buscando acuerdos mediante consenso y persuasión.
- **Redacción del convenio:** formaliza el acuerdo alcanzado en un documento claro, incluyendo cláusulas de revisión, resolución de conflictos y plazos.
- **Ratificación:** el convenio debe ser aprobado por trabajadores y empresas para que tenga validez y legitimidad.

Dinámica de la negociación colectiva

La negociación colectiva varía según el sector y el contexto y suele desarrollarse en distintas fases adaptadas a cada realidad laboral y nacional. Las fases son las siguientes:

Fase preliminar

Aquí se intercambian propuestas iniciales y se determinan aspectos como el calendario de reuniones, la metodología de trabajo y las reglas básicas que regirán el proceso de negociación.

Discusión y negociación

Esta es la fase crítica donde se analizan y discuten las propuestas de ambas partes. Aquí es donde la capacidad de la comisión negociadora para persuadir, comprometerse y defender sus intereses es puesta a prueba.

Acuerdo

Si ambas partes logran ponerse de acuerdo, el proceso entra en la fase de redacción y firma del convenio. Aquí, la precisión y claridad en el lenguaje son esenciales para evitar malentendidos futuros.

Importancia de la comisión negociadora

La comisión negociadora es el corazón del proceso de negociación colectiva y su importancia radica en su capacidad para ser la voz que articula las necesidades, aspiraciones y limitaciones tanto de trabajadores como de empresarios. Además, su actuación en el proceso puede determinar el equilibrio entre el respeto de los derechos laborales y la adaptabilidad que requieren las empresas para mantenerse competitivas.

IMPORTANTE

Asimismo, la comisión negociadora no solo tiene la responsabilidad de lograr un acuerdo laborable, sino que también asegura la perennidad de la relación laboral armónica, creando un entorno de trabajo basado en los principios de justicia y equidad.

3.7. El contenido del convenio

El convenio colectivo, fruto de la negociación entre trabajadores y empleadores, regula las condiciones laborales. Es un documento clave que incluye elementos esenciales para garantizar relaciones laborales justas y eficaces, tales como:

- **Salarios y bonificaciones:** inclusión de escalas salariales, criterios de revisión salarial automática en función de la inflación, bonificaciones y otros beneficios económicos.
- **Jornadas y descansos:** regulación de la duración de la jornada laboral, días de descanso, festivos, permisos, vacaciones y otros aspectos relacionados con el tiempo de trabajo.
- **Seguridad y salud laboral:** políticas y procedimientos para asegurar condiciones de trabajo seguras, capacitación en prevención de riesgos laborales y derechos sobre la salud física y mental de los empleados.
- **Promoción y formación:** procedimientos para la movilidad profesional, ascensos y el acceso a la formación continua, que es crucial para el desarrollo profesional de los empleados y la mejora de la competitividad empresarial.
- **Conciliación laboral y vida familiar:** medidas que permitan a los trabajadores equilibrar sus responsabilidades laborales con su vida familiar, con especial atención a cuestiones como permisos parentales, ajustes en los horarios de trabajo y teletrabajo.
- **Condiciones de trabajo y regímenes retributivos:** estos incluyen:

  - Salarios y bonificaciones
  - Jornadas y descansos
  - Seguridad y salud laboral
  - Promoción y formación
  - Conciliación laboral y vida familiar

- **Derechos sindicales y participación:** un convenio colectivo también debe abordar los derechos sindicales dentro de la organización. Esto incluye:

  - Derechos de representación: garantías para que los delegados sindicales puedan ejercer su trabajo sin represalias.
  - Acciones colectivas: mecanismos a través de los cuales los trabajadores pueden participar en las decisiones de la empresa, incluir acuerdos sobre huelgas, procedimientos de mediación y arbitraje y medidas para la resolución de conflictos.

- **Cláusulas de revisión salarial:** estas cláusulas son comunes en los convenios colectivos y están destinadas a ajustar los salarios de los trabajadores en función de indicadores económicos referenciales, como el IPC (índice de precios al consumo). Las revisiones salariales pueden ser anuales o más frecuentes, dependiendo de lo que acuerden las partes, y su objetivo es mantener el poder adquisitivo de los trabajadores.
- **Comité de vigilancia:** la creación de un comité o comisión paritaria es una práctica habitual en los convenios colectivos. Este comité tiene como responsabilidad principal supervisar y garantizar el correcto cumplimiento de lo acordado en el convenio. Asimismo, actúa como un órgano de resolución de conflictos que puedan surgir en la interpretación del convenio.
- **Procedimientos de resolución de conflictos:** es fundamental que los convenios incluyan mecanismos claros para la resolución de conflictos surgidos de la aplicación o interpretación del convenio. Esto puede incluir la mediación, el arbitraje o cualquier otro método acordado por las partes que facilite la resolución rápida y efectiva de disputas.
- **Derechos sindicales y flexibilidad:** en definitiva, el contenido del convenio debe ser lo suficientemente flexible para adaptarse a las dinámicas cambiantes del entorno laboral. A menudo, se requiere un equilibrio delicado entre la defensa de los derechos adquiridos de los trabajadores y la capacidad de la empresa de innovar y competir eficazmente en el mercado.

 TAREA 2

Imagina que formas parte del departamento de recursos humanos de una empresa dedicada al sector del metal que acaba de adherirse a un nuevo convenio colectivo del sector. Tu tarea consiste en analizar dicho convenio para explicar a los trabajadores cuáles son los aspectos más relevantes que afectan directamente a sus derechos y deberes laborales.

Para ello, accede a este convenio colectivo real y realiza las siguientes tareas:

- Identifica los contenidos clave.
- Resume brevemente cinco apartados fundamentales del convenio elegido.
- Indica: jornada laboral y descansos, retribuciones y complementos salariales, licencias y permisos, clasificación profesional, condiciones de contratación o despido, aplicación práctica.
- Redacta una pequeña nota informativa dirigida a los trabajadores de la empresa en la que expliques de forma clara y accesible los aspectos se-

leccionados. Incluye un ejemplo real o hipotético de cómo afecta uno de esos puntos al día a día del trabajador (por ejemplo: " Según el convenio, la jornada máxima semanal será de 38 horas; por lo tanto, no se podrá superar este límite sin retribución extra").

Puedes acceder al convenio desde aquí:

Resolución de 29 de diciembre de 2021, de la Dirección General de Trabajo, por la que se registra y publica el IV Convenio colectivo estatal de la industria, las nuevas tecnologías y los servicios del sector del metal

https://redirectoronline.com/ctrh00060205

3.8. Naturaleza jurídica del convenio y fuerza vinculante

La naturaleza jurídica del convenio y su fuerza vinculante son aspectos fundamentales para comprender cómo se estructuran y formalizan los acuerdos dentro del ámbito sindical. Después de analizar el contenido específico que puede figurar en un convenio colectivo, resulta esencial dirigir nuestra atención a la base jurídica que sustenta estos acuerdos y al poder real que tienen para influir en las relaciones laborales.

El convenio colectivo es un contrato laboral especial entre sindicatos y empleadores, con efectos colectivos. Combina derecho privado y obligaciones públicas, al afectar a todos los incluidos en su ámbito de aplicación.

Una de las características más importantes de un convenio colectivo es **su fuerza vinculante.** Esto significa que las disposiciones acordadas en el convenio no solo comprometen a los firmantes directos, sino que cobran un carácter normativo más allá de las partes negociadoras, extendiéndose a todos los trabajadores y empleadores que entren en su ámbito de aplicación.

El hecho de que un convenio adquiera fuerza vinculante se deriva, en primer lugar:

> Del reconocimiento estatal que se le otorga.

> Por otro lado, la fuerza vinculante también se asienta en la participación de los trabajadores y los empleadores en el proceso de negociación.

El sistema jurídico garantiza la validez de los convenios colectivos mediante su obligatoriedad, acciones legales y la intervención de instituciones laborales para resolver conflictos y sancionar incumplimientos.

La implementación de un convenio colectivo no solo establece un marco normativo para las condiciones de trabajo, sino que también actúa como un motor de cambio y progreso dentro de las relaciones laborales.

3.9. Articulación y concurrencia de convenios

En la negociación colectiva, la articulación y concurrencia de convenios son claves para resolver conflictos cuando varios convenios se aplican a un mismo ámbito laboral, asegurando coherencia en un entorno complejo.

 **DEFINICIÓN**

Articulación de convenios colectivos
Consiste en coordinar convenios de distintos niveles (sectorial, regional, empresarial) para evitar solapamientos y asegurar coherencia normativa.

Un ejemplo de articulación podría ser la existencia de un convenio colectivo a nivel sectorial que establece ciertas condiciones laborales, como la jornada de trabajo o los salarios base, mientras que un convenio a nivel de empresa podría incluir mejoras adicionales o beneficios específicos adaptados a la realidad de esa entidad. La articulación permite que dichos niveles coexistan y se complementen armoniosamente, siempre respetando los principios de jerarquía normativa, donde un convenio de nivel superior podrá establecer unos mínimos que luego pueden ser mejorados por el convenio de nivel inferior.

3.10. La inaplicación del convenio

La inaplicación de un convenio colectivo es un mecanismo legal que permite a las empresas desvincularse, temporal o indefinidamente, de ciertos aspectos de un convenio colectivo, siempre bajo condiciones específicas y justificadas.

 **IMPORTANTE**

Esta herramienta tiene como objetivo proporcionar flexibilidad a las empresas frente a situaciones económicas adversas, permitiéndoles ajustar ciertas condiciones laborales para garantizar su viabilidad económica sin comprometer completamente los derechos de los trabajadores.

La inaplicación del convenio debe estar justificada por causas del tipo:

Económicas   Técnicas   Organizativas   Producción

Su aplicación no es arbitraria; está regulada estrictamente para evitar abusos por parte de las empresas.

A continuación, vamos a ver en detalle las causas que pueden alegar las empresas por las cuales pueden no aplicar el convenio colectivo:

- Las causas económicas generalmente se refieren a situaciones que impactan negativamente en la economía de la empresa, como disminuciones persistentes de ingresos o pérdidas significativas.
- Las causas técnicas pueden involucrar cambios en los métodos de trabajo que requieren diferente organización laboral.

- Las causas organizativas podrían derivar de la necesidad de reorganización empresarial para hacer frente a retos del mercado.
- Las causas de producción pueden originarse de modificaciones en la demanda de productos o servicios ofrecidos por la empresa.

El **procedimiento para la inaplicación** del convenio implica una serie de pasos que deben cumplirse para llevar a cabo la modificación:

- En primer lugar, la empresa debe iniciar un periodo de consultas con los representantes de los trabajadores, que deberá durar un máximo de 15 días, salvo que el convenio aplicable establezca otro plazo menor. Durante este periodo, ambas partes deben esforzarse en llegar a un acuerdo que reúna las condiciones necesarias para la inaplicación sin perjudicar desproporcionadamente a los empleados.
- En segundo lugar, si no se llega a un acuerdo al final del periodo de consultas, las partes pueden recurrir a mecanismos extrajudiciales de solución de conflictos, como la mediación o el arbitraje. En última instancia, si no se logra un acuerdo, la inaplicación puede ser decidida por la comisión paritaria del convenio o, si esta no interviene, por la autoridad laboral competente.

Los aspectos del **convenio sujetos a inaplicación** son:

- **Jornada de trabajo:** la duración y distribución de la jornada pueden ser modificadas, permitiendo, por ejemplo, la implantación de jornadas laborales parciales, reducidas o con horarios flexibles según las necesidades de la empresa.
- **Horarios y distribución del tiempo de trabajo:** los horarios laborales pueden modificarse para afrontar variaciones en la demanda o para adaptarse a nuevas estrategias organizativas.
- **Régimen de trabajo a turnos:** la empresa puede reestructurar los turnos de trabajo para optimizar la producción y adaptarse a exigencias del mercado.
- **Sistema de remuneración y cuantía salarial:** aunque es uno de los elementos más sensibles, temporalmente pueden ajustarse los salarios bajo ciertas reglas, manteniendo siempre los mínimos legales.
- **Sistema de trabajo y rendimiento:** este comprende los sistemas de producción y el ritmo de trabajo, que deben adaptarse para garantizar la eficiencia operativa.
- **Mejoras voluntarias de la acción protectora de la Seguridad Social:** a veces puede suspenderse la aportación a ciertos beneficios adicionales, como seguros o contribuciones a pensiones, en situaciones excepcionales.

3.11. Vigencia y ultraactividad del convenio

La sociedad necesita un marco normativo claro que es esencial para la estabilidad laboral y, por ende, el desarrollo de la economía. Los convenios colectivos son clave para construir este marco, al definir con precisión las condiciones que rigen la relación entre las partes. Los convenios colectivos definen con precisión:

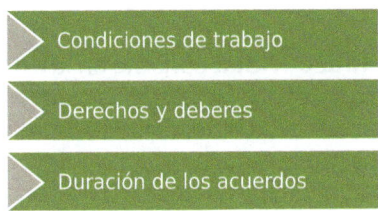

Condiciones de trabajo

Derechos y deberes

Duración de los acuerdos

También es importante establecer la vigencia de los convenios firmados y el establecimiento y negociación de esta. Vamos a explicar estos dos detalles en profundidad:

- **Vigencia del convenio:** la vigencia de un convenio colectivo se refiere al periodo de tiempo durante el cual el convenio se considera en plena aplicación, según el acuerdo firmado entre las partes. Este periodo está claramente especificado en el documento del convenio y suele variar dependiendo del sector, la magnitud del acuerdo y las estrategias de negociación específicas de los implicados.
- **Establecimiento de la vigencia:** la duración del convenio colectivo es frecuentemente un punto importante en la mesa de negociación, dado que las partes involucradas deben encontrar un equilibrio que permita estabilidad y flexibilidad al mismo tiempo. La vigencia permite a los trabajadores y empleadores prever las condiciones laborales que regirán por un lapso específico, estableciendo las bases para la planificación económica y operativa.

Los convenios suelen tener una vigencia de uno o varios años, lo que permite ajustar condiciones laborales. Los de corta duración ofrecen flexibilidad para renegociar ante cambios económicos o del mercado laboral.

IMPORTANTE

Antes de que venza un convenio, las partes pueden negociar su renovación o modificación. Si no se denuncia en el plazo previsto, puede renovarse automáticamente o abrir paso a un nuevo acuerdo.

El concepto de **ultraactividad** consiste en la extensión de la vigencia de un convenio colectivo más allá del plazo inicialmente acordado, hasta que se logre un nuevo acuerdo. La ultraactividad representa un mecanismo crucial para asegurar que, en ausencia de un nuevo convenio negociado, los trabajadores no queden desprotegidos y bajo condiciones menos favorables.

La vigencia y ultraactividad del convenio tienen profundas implicaciones en cómo se llevan a cabo las negociaciones colectivas y el equilibrio de poder entre trabajadores y empleadores. Estos principios operan como mecanismos que amplifican o limitan las estrategias disponibles durante el proceso.

EJEMPLO

A continuación, mostramos dos ejemplos prácticos:

- Sector automotriz: los convenios suelen durar 5 años, con un año de ultraactividad, garantizando estabilidad ante cambios tecnológicos o del mercado.
- Sector educativo: los convenios se ajustan al calendario académico, con una ultraactividad que cubre hasta el final del curso escolar, evitando interrupciones en la formación.

3.12. Requisitos formales del convenio

Los requisitos formales del convenio constituyen la columna vertebral en la confección de un convenio colectivo. Estos requisitos son fundamentales no solo para garantizar la legalidad del documento, sino también para asegurar la efectiva aplicación y ejecución de los derechos pactados.

El proceso formal de un convenio colectivo comienza con la **identificación y participación de las partes legitimadas.**

En el ámbito sindical, la representación de los trabajadores en la negociación de un convenio colectivo recae típicamente en los sindicatos más representativos a nivel del sector, empresa o territorio.

Un convenio colectivo como mínimo debe tener al menos los siguientes elementos:

- ⮑ **Ámbito de aplicación:** personal, funcional y territorial. Es decir, el convenio debe definir claramente los grupos de trabajadores o empresas que estarán bajo su ámbito de aplicación, el tipo de actividades a las que se refiere y el territorio que abarcarán sus disposiciones.
- ⮑ **Duración y formas de denuncia:** según lo tratado en el capítulo previo, la duración determina el periodo de vigencia de las disposiciones, mientras que las formas de denunciar o rescindir el convenio permiten a las partes solicitar una modificación o una revisión al finalizar el periodo.
- ⮑ **Procedimiento de revisión o modificación:** si bien los convenios pueden incluir mecanismos propios para su revisión, estos deben respetar los principios de legalidad y mutua conformidad.
- ⮑ **Solución de conflictos:** deben establecerse procedimientos de resolución de discrepancias al surgir conflictos sobre la interpretación o aplicación de las disposiciones convenidas.

3.13. Controles sobre el convenio

Implementar un convenio colectivo va más allá de firmarlo; requiere asegurar su cumplimiento con controles adecuados para garantizar un entorno laboral justo y productivo.

IMPORTANTE

La importancia del cumplimiento de la correcta implementación del convenio es clave para su eficacia. La supervisión asegura el cumplimiento real y refuerza la responsabilidad entre las partes.

Los mecanismos de control para garantizar el cumplimiento de lo firmado en el convenio colectivo son:

- **Mecanismos de supervisión interna:** los controles del convenio se inician con comités internos que supervisan su aplicación, detectan incumplimientos y proponen soluciones. Un ejemplo concreto de estos comités es la observación de la implementación de las cláusulas respecto a horarios de trabajo. Un seguimiento regular sobre el tiempo de inicio y finalización de las jornadas, así como sobre las horas extra trabajadas, garantiza que se respeten los límites establecidos y, con ello, se cuide el bienestar de los trabajadores.
- **Uso de auditorías:** las auditorías periódicas son otro mecanismo integral para el control del cumplimiento de los convenios colectivos. Estas pueden realizarse interna o externamente, dependiendo de los recursos y del nivel de transparencia buscado por las partes. Por ejemplo, en términos de beneficios económicos acordados, una auditoría puede destacar inconsistencias en el pago de bonos de productividad, sueldo base ajustado al convenio o demoras en la entrega de incentivos mensuales. Al identificar este tipo de problemas, se pueden establecer medidas correctivas que alineen la práctica empresarial con el pacto sindical.
- **El rol del Estado:** no se puede desestimar el papel del Estado en la vigilancia del cumplimiento de los convenios colectivos. En muchos países, existen oficinas de inspección laboral encargadas de asegurar que estos convenios no solo se negocien dentro del marco legal, sino que se implementen adecuadamente una vez ratificados. Por ejemplo, si un sindicato denuncia que una empresa no está respetando el acuerdo sobre las condiciones de seguridad en el lugar de trabajo, la inspección laboral está facultada para investigar estas denuncias y sancionar cualquier infracción.
- **Transparencia informativa:** la transparencia es un aliado crucial en el control del convenio. Hay que asegurar que todos los trabajadores estén informados respecto a los derechos y beneficios que se han pactado, esto genera una capacidad de autocontrol colectivo. Por ejemplo, una herramienta eficaz es la publicación periódica de boletines informativos que expliquen de manera sencilla los aspectos clave del convenio y sus modificaciones, logrando así que todos los actores tengan claras sus obligaciones y derechos.
- **Resolución de conflictos:** los protocolos para la gestión de conflictos deben estar claramente definidos desde la fase de negociación. Esto incluye los procesos de mediación o arbitraje que asegurarán una solución pacífica y efectiva a cualquier discrepancia, minimizando el impacto en la productividad o el clima laboral.

➲ **Revisiones y actualización del convenio:** finalmente, la efectividad de un convenio colectivo está sujeta a sus revisiones periódicas, lo que permite a las partes adaptarse a nuevos contextos económicos o laborales.

3.14. La concertación social

La concertación social surge como un mecanismo de diálogo tripartito con el objetivo de alcanzar acuerdos y consensos sobre políticas que trascienden el ámbito laboral y tienen un impacto directo en el desarrollo social y económico de una nación.

 **DEFINICIÓN**

Concertación social
Proceso fundamental en la dinámica de las relaciones laborales, actuando como un espacio común donde se articulan los intereses de trabajadores, los empleadores y el Estado.

La concertación social se basa en el diálogo para implementar políticas laborales y sociales de forma participativa. Abarca temas como empleo, equidad o sostenibilidad. Ante desequilibrios de poder, el Estado debe mediar para garantizar negociaciones justas.

 **EJEMPLO**

En varios países europeos, la concertación social ha impulsado la modernización económica y laboral mediante pactos sobre salarios, reformas educativas y ajustes estructurales, promoviendo competitividad y cohesión social.

3.15. Los convenios marco interprofesionales

Hemos comentado en varias ocasiones que los acuerdos nacionales crean un marco común adaptable a distintos sectores, abordando temas generales que afectan a la mayoría de los trabajadores y fomentando un entendimiento cohesionado entre empleadores y empleados. Los convenios son importantes porque crean una estructura homogénea para los trabajadores de un sector o de la economía en general.

 **DEFINICIÓN**

Convenios marco interprofesionales
Son acuerdos estratégicos de amplio alcance que se negocian y celebran entre organizaciones sindicales y patronales para regular materias esenciales del ámbito laboral.

Los convenios marco interprofesionales promueven la equidad de género y la no discriminación, abordando desigualdades laborales y facilitando la conciliación, lo que contribuye tanto a mejorar el empleo como a impulsar cambios sociales.

3.16. Los convenios extraestatutarios

Los convenios extraestatutarios constituyen un componente esencial y, en ocasiones, complejo dentro del ámbito del derecho laboral y la negociación colectiva. En este apartado vamos a estudiarlos en profundidad.

 DEFINICIÓN

Convenios extraestatutarios
Son acuerdos colectivos con menor rango legal que los estatutarios, ya que se desarrollan fuera del marco del Estatuto de los Trabajadores, ofreciendo mayor flexibilidad.

Las características y elementos que conforman los convenios extraestatutarios son los siguientes:

- **Naturaleza jurídica y características principales:** son acuerdos privados entre sindicatos y empresas, fuera del marco formal del Estatuto de los Trabajadores, lo que permite mayor flexibilidad.
- **Ámbito de aplicación:** pueden aplicarse a una empresa, grupo de empresas o territorio concreto, adaptándose a necesidades específicas no cubiertas por convenios estatutarios.
- **Elementos de negociación:** intervienen sindicatos y representantes empresariales. Es clave la buena fe para lograr acuerdos beneficiosos y garantizar su cumplimiento.
- **Relación con otros tipos de convenio:** pueden coexistir con convenios estatutarios si no hay contradicciones. Deben definirse bien los límites y la jerarquía normativa.
- **Ventajas y desafíos:** ofrecen agilidad y adaptación ante cambios laborales. Permiten innovar en sectores poco regulados, aunque requieren claridad y compromiso.

 **EJEMPLO**

Para ilustrar el funcionamiento de los convenios extraestatutarios, resultan útiles algunos ejemplos prácticos:

- Ejemplo 1. Empresa tecnológica: se negocia un convenio extraestatutario con cláusulas específicas sobre teletrabajo, como derecho a la desconexión y recursos para trabajar desde casa.
- Ejemplo 2. Sector agrícola: se acuerda un convenio extraestatutario que regula jornadas especiales en época de cosecha, alojamiento temporal y beneficios adicionales para trabajadores desplazados.

3.17. Los pactos colectivos

Vamos a estudiar ahora los pactos colectivos y su importancia en las relaciones entre el empleador y los empleados. Son acuerdos clave en las relaciones laborales, firmados entre empleadores y sindicatos reconocidos dentro de un marco formal de negociación colectiva. Regulan aspectos salariales y laborales, con carácter normativo, lo que lo distingue de otros acuerdos, al establecer normas dentro de la empresa o sector.

IMPORTANTE

Los pactos colectivos nacen del equilibrio entre los intereses de sindicatos y empleadores, buscando mejoras laborales y viabilidad empresarial, y se basan en el consenso, pese a posibles tensiones.

Un aspecto central de la construcción de un pacto colectivo es **la mediación.** En ocasiones, pueden surgir desacuerdos durante las negociaciones, y por ello es común que se recurra a figuras de mediación o arbitraje para facilitar el alcance de un acuerdo.

APLICACIÓN PRÁCTICA

En la empresa de servicios públicos Enercoop, los trabajadores han manifestado su malestar por las condiciones laborales, especialmente por el incremento de las horas extra no remuneradas y la congelación de los salarios en los últimos dos años. El sindicato ha decidido iniciar negociaciones para firmar un nuevo pacto colectivo que mejore las condiciones actuales.

Durante las primeras reuniones, la dirección de la empresa se muestra inflexible, argumentando dificultades económicas. Los representantes sindicales detectan que las posturas están muy alejadas, pero creen que aún es posible llegar a un acuerdo beneficioso para ambas partes.

Ante este escenario, el sindicato considera recurrir a un procedimiento que permita facilitar el diálogo y acercar posturas. ¿Qué medida debería tomar el sindicato para avanzar en la negociación del pacto colectivo sin romper el proceso de diálogo?

Solución

Deberá solicitar la intervención de un mediador imparcial para facilitar el acercamiento entre ambas partes.

Continúa en página siguiente >>

<< Viene de página anterior

La mediación es una herramienta esencial en el marco de la negociación colectiva, especialmente cuando las partes no logran avanzar por sí solas. Contar con un mediador imparcial permite canalizar las tensiones, identificar puntos de acuerdo y acercar posturas sin romper el diálogo. Esta vía suele ser más rápida, flexible y menos costosa que otras opciones legales y fortalece el espíritu de consenso propio de los pactos colectivos.

4. Resumen

La acción sindical y la negociación colectiva son pilares del mundo laboral moderno, no solo para defender derechos, sino también para influir en políticas laborales justas. Los sindicatos fortalecen el bienestar de los trabajadores tanto dentro como fuera de las empresas, articulando intereses comunes y ejerciendo influencia a nivel nacional e internacional.

La negociación colectiva es un proceso fundamental en la dinámica de las relaciones laborales, representando una herramienta muy importante para la acción sindical. Permite alcanzar acuerdos entre sindicatos y empleadores, reflejando el nivel democrático y social de un país. Los tipos de negociación colectiva son:

El convenio colectivo, fruto de la negociación entre trabajadores y empleadores, regula las condiciones laborales. Es un documento clave que incluye elementos esenciales para garantizar relaciones laborales justas y eficaces, tales como:

- Salarios y bonificaciones
- Jornadas y descansos
- Seguridad y salud laboral
- Promoción y formación
- Conciliación laboral y vida familiar
- Condiciones de trabajo y regímenes retributivos
- Derechos sindicales y participación
- Cláusulas de revisión salarial
- Comité de vigilancia
- Procedimientos de resolución de conflictos
- Derechos sindicales y participación

Ejercicios de autoevaluación
Unidad de Aprendizaje 2

1. Indica si las siguientes oraciones son verdaderas o falsas.

a. Los delegados sindicales solo pueden ser nombrados en empresas con más de 250 trabajadores.

- ■ Verdadero
- ■ Falso

b. La negociación colectiva puede tener como resultado un convenio colectivo que regule salarios, jornada y condiciones laborales.

- ■ Verdadero
- ■ Falso

c. Un trabajador no afiliado a un sindicato puede verse beneficiado por lo pactado en un convenio colectivo.

- ■ Verdadero
- ■ Falso

d. Los convenios colectivos tienen carácter obligatorio para todas las partes que lo han negociado.

- ■ Verdadero
- ■ Falso

2. ¿Cuál es la función principal de un sindicato?

a. Velar por los intereses de la empresa.
b. Organizar actividades de ocio en la empresa.
c. Representar y defender los derechos de los trabajadores.
d. Gestionar los recursos humanos.

3. ¿Qué órgano es el encargado de negociar un convenio colectivo en representación de los trabajadores?

a. El comité de empresa o los delegados sindicales
b. El departamento de recursos humanos

    c. La Administración pública

    d. La dirección de la empresa

4. ¿Qué tipo de norma se crea como resultado de una negociación colectiva?

    a. Un contrato individual de trabajo

    b. Un plan de igualdad

    c. Un convenio colectivo

    d. Una ley orgánica

5. ¿Qué derecho permite a los trabajadores participar en la organización y representación dentro de la empresa?

    a. Derecho a huelga

    b. Derecho de reunión

    c. Derecho de representación colectiva

    d. Derecho a la movilidad geográfica

6. ¿Cuáles de los siguientes elementos pueden regularse en un convenio colectivo?

    a. Jornada laboral

    b. Política fiscal de la empresa

    c. Vacaciones

    d. Retribuciones salariales

    e. Normas de conducta ciudadana

7. ¿Qué funciones pueden ejercer los representantes sindicales en la empresa?

    a. Ser informados sobre contrataciones y despidos

    b. Firmar convenios colectivos sin participación de los trabajadores

    c. Velar por el cumplimiento del convenio colectivo

    d. Representar a todos los trabajadores, estén o no afiliados al sindicato

8. ¿Cuál de las siguientes afirmaciones describe mejor la función principal de la asamblea dentro del centro de trabajo?

    a. Permitir que los empleadores comuniquen decisiones a los trabajadores.

    b. Servir como espacio de recreo laboral supervisado por los sindicatos.

    c. Facilitar la reunión de trabajadores para debatir y proyectar intereses colectivos.

    d. Establecer las condiciones salariales sin necesidad de negociación con la empresa.

9. ¿Qué es la negociación colectiva según el documento?

    a. Un proceso informal entre trabajadores para acordar descansos.

    b. Una discusión entre empleadores que define las condiciones del mercado.

    c. Un diálogo estructurado entre empleadores y sindicatos para acordar condiciones laborales.

    d. Una herramienta utilizada solo durante huelgas legales.

10. ¿Cuál de los siguientes factores NO forma parte de los elementos clave que fortalecen el poder de negociación de los sindicatos?

    a. El contexto socioeconómico

    b. La unidad interna del sindicato

    c. La imposición de acuerdos sin diálogo

    d. Las relaciones laborales previas con la empresa

La salud laboral

Contenido

Objetivos

El objetivo general de esta Unidad de Aprendizaje es:

→ Aplicar las herramientas de intervención sindical en salud laboral.

Los objetivos específicos de esta Unidad de Aprendizaje son:

→ Identificar los principales factores de riesgo presentes en el entorno laboral y su impacto en la salud física, mental y social de los trabajadores.

→ Reconocer los derechos y deberes de empleadores y trabajadores en materia de prevención de riesgos laborales, promoviendo una cultura de seguridad compartida.

→ Analizar medidas preventivas y buenas prácticas que contribuyan a la creación de entornos laborales seguros, así como su aplicación en situaciones reales del ámbito profesional.

→ Implementar un plan integral de salud laboral orientado a identificar, prevenir y mitigar los riesgos físicos y psicosociales que afectan al bienestar de los trabajadores.

1. Introducción

La salud laboral es un concepto fundamental en el mundo moderno, donde el bienestar físico, mental y social de los trabajadores no solo constituye un derecho humano básico, sino que también es crucial para el funcionamiento eficiente y sostenible de cualquier organización. La salud laboral se refiere a los esfuerzos sistemáticos realizados para proteger y promover el bienestar de las personas en su entorno de trabajo, abarcando desde la prevención de enfermedades hasta el manejo de situaciones de riesgo y la garantía de un ambiente laboral seguro y saludable.

Consideremos el caso de una fábrica de textiles. En este entorno, distintas actividades pueden desplegarse simultáneamente, desde el funcionamiento de maquinaria pesada hasta el manejo de productos químicos, cada una representando sus propios riesgos potenciales para la salud de los trabajadores. Sin políticas efectivas de salud laboral, los empleados podrían estar expuestos a un sinnúmero de peligros, desde accidentes físicos hasta enfermedades derivadas del estrés. Esto no solo tiene el potencial de afectar gravemente la vida personal de los trabajadores, sino que también puede impactar negativamente en la productividad y viabilidad económica de la fábrica misma.

El ambiente de trabajo debe ser objeto de una cuidadosa evaluación para identificar y mitigar los riesgos potenciales. Esta unidad de aprendizaje se adentra en cómo los entornos de trabajo influyen en la salud laboral y cómo las organizaciones deben tomar medidas para asegurar condiciones seguras. Al establecer procedimientos claros y prácticas adecuadas para enfrentar situaciones de riesgo, así como al dotar a los trabajadores con el conocimiento necesario para identificar y reaccionar ante peligros, se fortalece la resiliencia del personal, propiciando un clima de trabajo más saludable y eficiente.

Además de las medidas proactivas para garantizar un espacio laboral seguro, los derechos y deberes en la prevención de riesgos se vuelven indispensables para la articulación de esfuerzos entre trabajadores y empleadores. Comprender estos derechos y deberes fomentará una cultura de seguridad y respeto mutuo entre las partes involucradas, siendo cada uno responsable de contribuir activamente a un ambiente de seguridad compartida.

Pongamos el ejemplo de un empleado en una industria de construcción, quien, consciente de sus derechos a recibir formación en manejo de maquinaria pesada, puede exigir estas capacitaciones como un derecho fundamental. Esto no solo protege su integridad física, sino que asegura una reducción significativa en el número de accidentes laborales, promoviendo un entorno más seguro para todos sus compañeros.

Por tanto, la salud laboral no es simplemente una función complementaria dentro de la estructura organizacional, sino un pilar esencial que sostiene el desarrollo humano integral y la eficacia operacional de cualquier empresa.

A lo largo de esta unidad, seguiremos el caso de Laura mientras conoce qué medidas debe exigir, cómo identificar los riesgos laborales y qué mecanismos tiene el sindicato para actuar frente a situaciones que pongan en peligro el bienestar físico y mental de los trabajadores.

2. Definición de salud laboral

☞ HILO CONDUCTOR

Después de varios meses en su puesto, Laura empieza a notar que tanto ella como varios compañeros sufren molestias físicas por posturas repetitivas, exceso de carga de trabajo y falta de pausas. Además, una compañera sufre un accidente leve por no disponer del equipo de protección adecuado. Preocupada, Laura acude nuevamente a Carlos, el delegado sindical, para entender si estas situaciones son normales... o denunciables.

Carlos le explica que la salud laboral es un derecho fundamental y que la empresa está obligada a garantizar condiciones seguras e higiénicas. Además, le enseña que el comité de empresa o los delegados de prevención tienen un papel clave en la detección de riesgos, en la propuesta de medidas preventivas y en la vigilancia del cumplimiento de la normativa de prevención de riesgos laborales.

- -

La salud laboral, un concepto central en el ámbito del bienestar en el trabajo, se refiere al conjunto de actividades que promueven y mantienen el más alto grado de bienestar físico, mental y social de los trabajadores en todas las ocupaciones. Dicha definición es amplia e integra, pues no solo se centra en la ausencia de enfermedad, sino en un estado completo de bienestar que permite el correcto desarrollo de las labores profesionales.

IMPORTANTE

Desde la perspectiva legal y organizacional, la salud laboral resguarda un conjunto de derechos y obligaciones tanto para empleados como para empleadores, estableciendo un equilibrio necesario que busca prevenir daños derivados del ambiente de trabajo y, simultáneamente, potenciar un entorno seguro y saludable.

En el contexto de la función sindical, la promoción de la salud laboral no solo es un imperativo ético, sino una prioridad estratégica, dado que los sindicatos juegan un rol fundamental en la negociación de condiciones laborales que aseguren el bienestar integral de los trabajadores.

Esta función incluye:

La vigilancia del cumplimiento de normativas de salud y seguridad	Participación en la elaboración de políticas que promuevan ambientes de trabajo seguros y saludables

Desde un enfoque integral, la salud laboral abarca varios elementos que son esenciales para una vida laboral plena. Estos elementos incluyen la prevención de riesgos laborales, que consiste en identificar, evaluar y controlar los factores que pueden ocasionar accidentes o enfermedades en el entorno de trabajo.

DEFINICIÓN

Riesgo laboral
Involucra no solo aspectos físicos, como la seguridad de las instalaciones y la maquinaria, sino también factores psicosociales que pueden afectar el bienestar mental de los trabajadores, como el estrés, la carga laboral excesiva y la violencia en el trabajo.

La prevención efectiva de riesgos laborales requiere de un análisis meticuloso de los diferentes elementos que componen el entorno laboral.

Este análisis abarca desde:

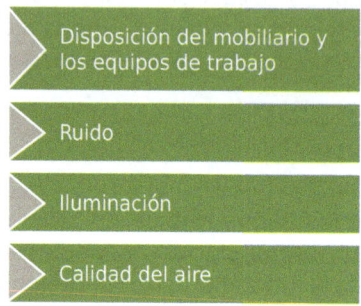

Disposición del mobiliario y los equipos de trabajo

Ruido

Iluminación

Calidad del aire

 **IMPORTANTE**

Es fundamental evaluar los procesos de trabajo, las prácticas laborales y la cultura organizacional, pues estos determinan en gran medida cómo se percibe y maneja la seguridad y salud en el trabajo.

La promoción de la salud también constituye un pilar de la salud laboral, a través de iniciativas destinadas a fomentar:

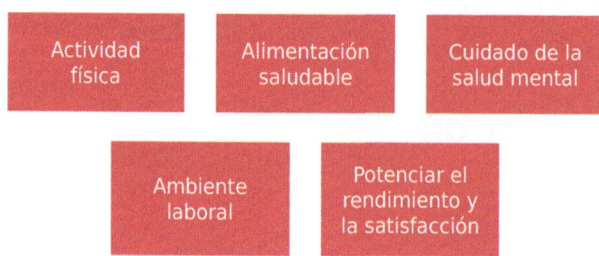

Actividad física

Alimentación saludable

Cuidado de la salud mental

Ambiente laboral

Potenciar el rendimiento y la satisfacción

EJEMPLO

Ejemplos de estas iniciativas incluyen la implementación de pausas activas durante la jornada laboral, la organización de talleres de manejo del estrés y programas de apoyo emocional.

Un **entorno laboral saludable** es aquel que no solo minimiza o elimina los riesgos físicos y psicosociales, sino que también fomenta una cultura de respeto y apoyo mutuo.

Para lograrlo, es indispensable la participación de todos los actores involucrados en el ámbito laboral: desde las directivas empresariales, que deben estar comprometidas con el desarrollo de políticas adecuadas, hasta los trabajadores, quienes deben ser capacitados y sensibilizados acerca de la importancia de la salud y la seguridad en el trabajo.

IMPORTANTE

En este contexto, la función sindical desempeña un papel crucial, pues actúa como mediador entre los trabajadores y la dirección de las empresas, asegurando que las necesidades y preocupaciones de los empleados sean escuchadas y atendidas.

Uno de los mecanismos más efectivos para esto es la negociación colectiva, que permite establecer acuerdos específicos sobre condiciones de trabajo seguras y saludables. Además, los sindicatos pueden desempeñar un rol activo en la investigación y el reporte de incidentes y en la promoción de la educación continua sobre temas de salud y seguridad laboral.

A **nivel internacional,** la salud laboral está respaldada por un marco normativo sólido, compuesto por convenios y recomendaciones de organismos como la **Organización Internacional del Trabajo (OIT).** Estos documentos proporcionan una guía para los países en el desarrollo de normativas locales que protejan la seguridad y la salud de los trabajadores. Las regulaciones especifican desde requisitos mínimos para la utilización de equipos de protección personal hasta directrices para la gestión de la salud ocupacional y la creación de comités de seguridad en el lugar de trabajo.

En el **ámbito local,** cada país adapta las recomendaciones internacionales a su marco jurídico, estableciendo leyes y procesos que garantizan el derecho de los trabajadores a un entorno laboral seguro y saludable. En muchos países, la legislación requiere que las empresas realicen evaluaciones de riesgos laborales y tomen todas las medidas necesarias para implementar soluciones preventivas.

 PARA SABER MÁS

A continuación, podrás conocer la normativa española sobre salud laboral. Accede desde aquí.

https://redirectoronline.com/ctrh00060301

3. El ambiente de trabajo

 HILO CONDUCTOR

Con el paso del tiempo, Laura comienza a notar que, aunque sus condiciones laborales están bien definidas en el convenio, hay algo que no funciona del todo: sus compañeros apenas se comunican, el jefe no valora el esfuerzo del equipo y reina un clima de tensión constante. Aunque no se trata de un problema "legal", Laura empieza a sentirse desmotivada y estresada.

Continúa en página siguiente >>

<< Viene de página anterior

En una conversación con Carlos, el delegado sindical, descubre que el ambiente de trabajo es un factor clave que influye directamente en la salud mental, el rendimiento y la satisfacción de los empleados. No se trata solo de evitar conflictos, sino de construir un entorno donde exista respeto, comunicación, apoyo y reconocimiento.

El ambiente de trabajo es un factor determinante para la salud laboral, involucrando una serie de elementos **físicos, psicológicos y sociales** que afectan el bienestar de los trabajadores. La salud laboral no solo depende de factores médicos o fisiológicos.

 **IMPORTANTE**

El entorno en el que los trabajadores desempeñan sus funciones es crucial para la prevención de enfermedades ocupacionales, la mejora de la productividad y la promoción de un ambiente de trabajo seguro y saludable.

Comenzando por los factores físicos del ambiente de trabajo, es esencial establecer condiciones óptimas de:

- **Iluminación:** la iluminación adecuada es crucial para prevenir la fatiga visual y garantizar una visibilidad suficiente para realizar tareas con precisión y seguridad. Tanto la luz natural como la artificial deben ser consideradas y adaptadas según las necesidades específicas de cada tarea y espacio.
- **Temperatura y ventilación:** influyen directamente en el confort térmico y en la capacidad de concentración de los empleados. Un ambiente demasiado caliente o frío puede reducir significativamente la concentración y aumentar el riesgo de errores. Por lo tanto, implementar sistemas de calefacción, ventilación y aire acondicionado (HVAC) eficaces es fundamental para garantizar condiciones confortables y saludables.
- **Ruido:** el ruido es otro aspecto físico que puede impactar seriamente en el ambiente de trabajo. Las exposiciones prolongadas a niveles elevados de ruido pueden causar pérdida de audición, estrés y disminución de la concentración. Las empresas deben evaluar y controlar las fuentes de ruido mediante la implementación de barreras acústicas, el diseño

ergonómico de máquinas y equipos o la reducción de las horas de exposición utilizando equipos de protección auditiva, si es necesario.

➲ **Ergonomía:** es imprescindible diseñar áreas de trabajo que se adapten a las capacidades y limitaciones físicas de los trabajadores. Una ergonomía deficiente puede ocasionar trastornos musculoesqueléticos, como lesiones de espalda, cuello o extremidades, que son causas comunes de ausentismo laboral y discapacidad temporal o permanente. La adaptación del mobiliario, como sillas y escritorios ajustables, así como el diseño de herramientas adecuadas, puede disminuir significativamente este riesgo. Además, proporcionar formación sobre técnicas de levantamiento seguro y pausas para el estiramiento son medidas preventivas efectivas.

El ambiente de trabajo también incluye factores relacionados con la organización del trabajo. El estrés laboral puede surgir por las siguientes causas:

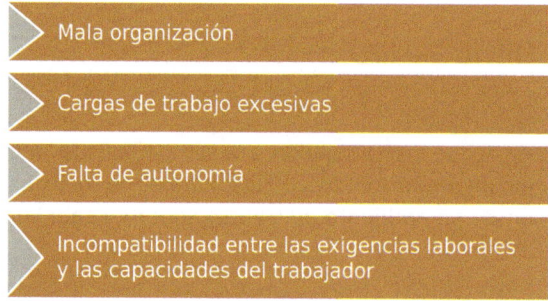

Mala organización

Cargas de trabajo excesivas

Falta de autonomía

Incompatibilidad entre las exigencias laborales y las capacidades del trabajador

Estas condiciones pueden dar lugar a una variedad de problemas de salud, incluidos **trastornos del sueño, ansiedad y depresión.**

Para mitigar el estrés, es importante promover una cultura empresarial que valore el equilibrio entre el trabajo y la vida personal, fomentar la comunicación abierta y proporcionada y ofrecer soporte o recursos para la gestión del estrés.

 **IMPORTANTE**

Las relaciones interpersonales en el lugar de trabajo también son un componente clave del ambiente laboral. Un ambiente donde predomine el apoyo, el respeto y una comunicación clara y efectiva entre trabajadores y supervisores puede

Continúa en página siguiente >>

<< Viene de página anterior

mejorar la satisfacción laboral y el bienestar general. Los conflictos interpersonales o el acoso laboral pueden causar estrés significativo y problemas de salud que afectan tanto a los empleados afectados como a la moral general del grupo. Las políticas de recursos humanos deben incluir estrategias para prevenir y resolver conflictos, así como programas de formación sobre comunicación y habilidades interpersonales.

El estrés es una de las causas más comunes de baja laboral. Se debe trabajar para tener un buen ambiente laboral que haga que los trabajadores se sientan bien en el trabajo. Esto puede permitir que la productividad aumente.

 ## SABÍAS QUE...

El *burnout* o síndrome de desgaste profesional es una forma de estrés laboral crónico reconocida por la Organización Mundial de la Salud (OMS) como un fenómeno relacionado con el trabajo, aunque no como una enfermedad en sí. Se caracteriza por tres elementos principales:

- Agotamiento emocional.
- Despersonalización o actitud negativa hacia el trabajo o los compañeros.
- Sensación de baja realización personal o eficacia profesional.

Continúa en página siguiente >>

<< Viene de página anterior

Suele aparecer en profesiones con alta carga emocional (como la sanidad, la docencia o la atención al cliente) y puede afectar gravemente tanto al bienestar personal como al rendimiento laboral.

Detectarlo a tiempo y aplicar medidas preventivas, como pausas activas, mejora del clima laboral, gestión adecuada de cargas de trabajo y acceso a apoyo psicológico, es clave para evitar consecuencias más graves en la salud física y mental.

La cultura organizacional es otro factor que influencia el ambiente de trabajo. La promoción de una cultura donde se priorice la salud y la seguridad y que fomente una participación de los trabajadores en la toma de decisiones puede tener efectos positivos en la moral y en la cohesión del equipo. La inclusión de todos los niveles de la organización en procesos de mejora continua y la apertura a nuevos enfoques en la gestión de la salud laboral puede facilitar el compromiso de los empleados y la implementación efectiva de programas de salud y seguridad.

Las medidas para mejorar el ambiente de trabajo deben ser:

Sistémicas	Estar **basadas** en evaluaciones objetivas de las condiciones del puesto

Realizar auditorías de salud y seguridad laboral, así como encuestas de satisfacción de los empleados, ayuda a identificar áreas de mejora y establecer un plan de acción que involucre a todos los niveles de la organización. Asimismo, es importante que las empresas evalúen continuamente la efectividad de sus políticas y prácticas en materia de salud y seguridad, adaptándose a las nuevas normativas y avances tecnológicos.

 **RECUERDA**

El ambiente de trabajo es un elemento crucial en la salud laboral. Garantizar condiciones óptimas que consideren los aspectos físicos, ergonómicos, organizacionales y psicosociales es esencial no solo para proteger la salud de los trabajadores, sino también para fomentar un entorno de trabajo productivo y eficiente. Las empresas tienen un papel fundamental en la creación y mantenimiento de un ambiente de trabajo positivo, lo que a su vez contribuye a un mejor rendimiento organizacional y al bienestar general de la fuerza laboral.

 ACTIVIDAD COMPLEMENTARIA

3. Investiga un aspecto fundamental relacionado con la salud laboral en el entorno de trabajo. El objetivo es comprender mejor cómo se protege el bienestar físico, mental y social de los trabajadores mediante la normativa vigente y las prácticas preventivas.

   Elige uno de los siguientes temas para investigar y recopilar información.

   · Definición y objetivos de la salud laboral.
   · Principales leyes y normas relacionadas con la prevención de riesgos laborales.
   · Funciones del delegado de prevención y del servicio de prevención.
   · Enfermedades profesionales y accidentes de trabajo: diferencias y ejemplos.
   · Medidas preventivas en sectores de riesgo (construcción, sanidad, logística...).

4. Formas de actuar ante una situación de riesgo

☞ HILO CONDUCTOR

Una mañana, mientras trabaja en su puesto, Laura observa que uno de sus compañeros está utilizando una escalera defectuosa para acceder a una zona elevada del almacén. A pesar de que no se ha producido ningún accidente, la situación le parece peligrosa. Duda: ¿debe intervenir?, ¿avisar?, ¿dejarlo pasar?

Al comentarlo con Carlos, el delegado sindical, este le explica que, ante una situación de riesgo, los trabajadores no solo tienen el derecho, sino también el deber de actuar, siguiendo una serie de pasos clave: identificar el peligro, informar a los responsables, evitar la exposición innecesaria y, si el riesgo es grave e inminente, interrumpir la actividad.

- -

En el ámbito laboral, una de las principales preocupaciones de los trabajadores y de quienes representan sus intereses es el fomento de un entorno seguro y saludable. Las situaciones de riesgo son inevitables, pero el modo en que se responda ante ellas puede marcar la diferencia entre un accidente y un resultado seguro.

4.1. Medidas para salvaguardar la integridad física y psicológica de los trabajadores

A continuación, en los siguientes apartados explicamos con detalle en qué consisten las medidas que se deben tomar para salvaguardar la integridad física y psicológica de los trabajadores.

Identificación y evaluación de riesgos

Antes de cualquier actuación efectiva, es esencial identificar y evaluar las situaciones de riesgo. Un riesgo en el ambiente laboral puede ser cualquier condición que potencialmente puede causar daño. Estos riesgos pueden variar desde condiciones físicas, como maquinaria defectuosa, hasta factores psicológicos, como el estrés laboral.

En un ambiente de trabajo, la detección temprana es crucial. Implica una supervisión constante del entorno y de los procesos laborales. Se recomienda la implementación de auditorías regulares y análisis de riesgos para identificar potenciales peligros antes de que resulten en incidentes.

 EJEMPLO

En una fábrica, el sonido constante de maquinarias ruidosas puede afectar la audición de los trabajadores. Identificar este riesgo permite implementar medidas como el uso obligatorio de protectores auditivos.

Educación y formación del personal

La formación continua de todos los miembros de la organización es esencial para prevenir y manejar situaciones de riesgo de manera eficiente. Empleados bien capacitados están más preparados para identificar riesgos y actuar de manera adecuada cuando ocurren.

Los programas de formación deben cubrir varios aspectos, tales como:

- Conocimiento de los protocolos de seguridad.
- Reconocimiento de señales de advertencia.
- Uso correcto de equipos de protección individual (EPI).
- Procedimientos de evacuación en casos de emergencia.

 EJEMPLO

Una empresa química organiza talleres mensuales en los que instruye a sus trabajadores sobre el manejo seguro de sustancias peligrosas y la ubicación de los equipos de seguridad.

Protocolos de seguridad y planes de emergencia

Contar con protocolos de seguridad claros y detallados es esencial para guiar las acciones de los trabajadores durante una emergencia. Estos protocolos deben estar al alcance de todos, además de ser revisados y actualizados periódicamente para asegurar su vigencia y efectividad.

Los planes de emergencia deben incluir rutas claras de evacuación, puntos de reunión seguros y métodos de comunicación. También es importante realizar simulacros regulares para asegurar que todos los trabajadores conozcan y puedan ejecutar estos planes eficazmente.

 EJEMPLO

En caso de incendio, un edificio de oficinas debe tener señalizadas todas las salidas de emergencia y los empleados deben estar entrenados para evacuar ordenadamente hacia áreas seguras.

Uso de equipos de protección individual (EPI)

El uso de EPI es una de las medidas básicas y más efectivas para reducir el riesgo de accidentes laborales. Debe asegurarse que estos equipos no solo se encuentren disponibles, sino que además se utilicen correctamente.

Es responsabilidad de la empresa asegurarse de que todos los empleados tengan acceso a los equipos adecuados para las tareas que desempeñan. De igual manera, es importante que los empleados comprendan la importancia del uso del EPI y sean entrenados en su correcta aplicación.

 EJEMPLO

En un laboratorio, ante la manipulación de químicos peligrosos, el uso de guantes, gafas de protección y delantal es imprescindible para preservar la seguridad del trabajador.

Fomentar una cultura de seguridad

Fomentar una cultura orientada a la seguridad es crucial para asegurar que todos en la organización, desde el personal operativo hasta la gestión superior, se comprometan a minimizar los riesgos laborales. Esto implica que la seguridad sea un valor integrador de todas las actividades realizadas en la empresa.

Los sindicatos tienen un papel importante en la promoción de esta cultura fomentando el diálogo entre empleados y empleadores, impulsando la participación en la creación de políticas de seguridad y asegurando que las normativas se respeten.

 **EJEMPLO**

Una compañía que regulariza reuniones semanales en las cuales se revisan qué incidentes ocurrieron, cómo se abordaron y qué medidas preventivas se pueden implementar, está promoviendo activamente una cultura de seguridad.

Comunicación efectiva

Una comunicación clara y eficiente dentro del entorno laboral es primordial para prevenir y manejar situaciones de riesgo. Todos los empleados deben sentirse cómodos reportando potenciales riesgos o incidentes sin temor a represalias.

Las empresas deben fomentar un ambiente en el cual se valoren las sugerencias y reportes de seguridad, viéndolos como oportunidades para mejorar. Esto incluye establecer líneas de comunicación claras y accesibles para todos.

 **EJEMPLO**

Un empleado observa que un cable eléctrico está en mal estado. Con un sistema de comunicación eficiente, puede reportarlo inmediatamente al departamento de mantenimiento para evitar un potencial accidente.

Intervención y respuesta inmediata

En el caso de que ocurra un incidente o situación de riesgo, actuar de manera rápida y correcta es vital. Esto implica que las primeras personas en responder al riesgo deben estar adecuadamente entrenadas para controlar la situación y minimizar daños.

Las intervenciones pueden incluir medidas como:

- Aislar el área afectada.
- Alertar a los servicios de emergencia pertinentes.
- Proporcionar primeros auxilios.
- Seguir los protocolos de emergencia.

 **EJEMPLO**

En una obra de construcción, al detectar una estructura inestable, los trabajadores deben alejarse prudencialmente del lugar, informar al supervisor inmediatamente y esperar que el personal capacitado evalúe la situación.

Evaluación posterior y aprendizaje

Finalmente, después de cualquier incidente, es crucial llevar a cabo una evaluación exhaustiva del evento para determinar cómo ocurrió, qué medidas funcionaron y cuáles no y cómo se podrían mejorar los procedimientos futuros. Este aprendizaje asegura que la organización sea proactiva en la prevención de futuros incidentes.

 **EJEMPLO**

Luego de un incidente por quemaduras leves en una cocina industrial, se realiza una revisión que revela la falta de mantenimiento a ciertos equipos. Con base en este análisis, se implementa un calendario de mantenimiento más estricto para prevenir futuras eventualidades.

IMPORTANTE

La seguridad en el lugar de trabajo es una responsabilidad compartida que necesita del compromiso y la cooperación de toda la organización. Las situaciones de riesgo no siempre pueden evitarse, pero, con la preparación adecuada, su impacto puede ser minimizado significativamente.

5. Los derechos y deberes en la prevención de los riesgos

 HILO CONDUCTOR

Un día, mientras trabaja en su puesto habitual, Laura observa que un compañero está utilizando una máquina sin las debidas medidas de seguridad. Al comentarlo con él, este le responde que "nadie le ha explicado cómo usarla" y que "tampoco ha recibido formación en prevención". Laura, cada vez más consciente de los riesgos del entorno, decide consultar con Carlos, el delegado sindical.

Carlos le explica que tanto los trabajadores como la empresa tienen derechos y deberes en materia de prevención de riesgos laborales. Los trabajadores tienen derecho a recibir información y formación adecuada, a participar en las actividades preventivas y a interrumpir su actividad si consideran que corren un riesgo grave e inminente. A la vez, tienen el deber de usar correctamente los equipos de protección, seguir las indicaciones de seguridad y colaborar con la empresa en la mejora de las condiciones laborales.

La salud laboral es un componente esencial para el bienestar de los trabajadores y la eficiencia de las organizaciones. En este contexto, los derechos y deberes de los empleados y empleadores en la prevención de riesgos laborales generan un sistema equilibrado que busca proteger la integridad física y psicológica de todos los involucrados en el entorno laboral.

IMPORTANTE

La prevención de los riesgos laborales no solo es una obligación legal, sino también un compromiso ético que refuerza el entorno de trabajo seguro y saludable, lo que, a su vez, repercute en una mejor productividad y satisfacción laboral.

5.1. Derechos de los trabajadores en la prevención de riesgos

Los derechos de los trabajadores son fundamentales para asegurar que los entornos laborales sean saludables y seguros. En la siguiente interacción podrás encontrar cuáles son los derechos de los trabajadores relacionados con la salud laboral:

- **Derecho a tener un ambiente de trabajo seguro:** ambiente de trabajo seguro, libre de riesgos reconocidos que puedan causar lesiones o enfermedades. Esto implica que los trabajadores deben poder llevar a cabo sus tareas sin exponerse a peligros debidamente identificados y evaluados.
- **Derecho a recibir capacitación adecuada:** los empleados deben recibir instrucciones claras y comprensibles sobre los riesgos potenciales y las medidas de protección pertinentes. Esto incluye entender cómo operar de manera segura cualquier maquinaria y conocer los procedimientos correctos en situaciones de emergencia.
- **Derecho a participar en la identificación y evaluación de riesgos:** esto significa que deben ser incluidos en los procesos de toma de decisiones que afectan su seguridad laboral. Por ejemplo, es común la creación de comités de seguridad laboral que incluyen representantes de los empleados, donde se discuten asuntos relacionados con la seguridad y las condiciones de trabajo.
- **Derecho a negarse a trabajar en condiciones inseguras:** los trabajadores tienen el derecho de detenerse o negarse a realizar una tarea que represente un peligro inminente para su salud o su vida, sin enfrentar repercusiones negativas por parte del empleador.
- **Derecho a ser informados:** ser informados sobre los resultados de auditorías de seguridad y las medidas correctivas que se toma para mitigar los riesgos identificados. La transparencia en la comunicación sobre los riesgos laborales es un derecho esencial para asegurar que todos en el lugar de trabajo estén alineados con los esfuerzos de prevención.

5.2. Deberes de los trabajadores en la prevención de riesgos

Si bien los trabajadores tienen derechos que deben ser respetados, también poseen deberes que deben cumplir activamente para mantener un entorno laboral seguro.

En primer lugar, deben adherirse a todas las políticas de seguridad y seguir los procedimientos establecidos de manera estricta. La observancia diligente de las normas de seguridad es una responsabilidad compartida que requiere el compromiso de cada trabajador.

Además, los empleados deben usar correctamente los equipos de protección individual (EPI) proporcionados por la empresa. Parte de este deber incluye la conservación y el mantenimiento de estos equipos, así como informar de inmediato si cualquiera de ellos está dañado o no funciona adecuadamente.

Equipos de protección personal individual/personal más básicos: cascos, chaleco reflectante, guantes, gafas de seguridad, casco y botas de seguridad.

 **IMPORTANTE**

Otra responsabilidad es reportar cualquier condición o acto inseguro que se observe en el lugar de trabajo. Esta acción proactiva es fundamental para la

Continúa en página siguiente >>

<< Viene de página anterior

identificación temprana de riesgos y la prevención de posibles incidentes. Los trabajadores deben sentirse empoderados y obligados a comunicar cualquier peligro potencial que pueda afectar a compañeros y a ellos mismos.

- -

El **deber de cooperación con el empleador** también es vital. Los trabajadores deben asistir a las formaciones de seguridad y compartir ideas o preocupaciones que puedan mejorar la seguridad laboral. Fomentar una cultura de seguridad inclusiva y proactiva es una responsabilidad de todos los miembros de la organización.

Por último, los trabajadores deben contribuir en la **investigación de incidentes.** Si ocurre un accidente o incidente, es fundamental que colaboren proporcionando toda la información requerida para la evaluación y posterior establecimiento de medidas preventivas. Esto también implica que deben acatar los cambios implementados tras la identificación de riesgos.

5.3. Deberes de los empleadores en la prevención de riesgos

Por otro lado, los deberes de los empleadores son amplios e incluyen la provisión de un entorno laboral seguro, cumpliendo con todos los requisitos legales aplicables en materia de seguridad y salud laboral. Esto implica realizar evaluaciones regulares de riesgos y modificar las condiciones de trabajo cuando sea necesario para mitigar aquellos riesgos identificados. Aquí vienen recogidos los derechos de los empleadores:

- **Derechos destinados a asegurar que puedan establecer y mantener un ambiente laboral seguro:** implementar las medidas de seguridad necesarias para cumplir con las normativas legales y proteger a los trabajadores.
- **Derecho a exigir que los trabajadores respeten y cumplan con las políticas de seguridad:** los empleadores pueden establecer sanciones disciplinarias a los empleados que repetidamente ignoren los protocolos de seguridad, siempre y cuando estas sanciones sean razonables y proporcionales.
- **Derecho de evaluar la capacidad de los trabajadores para desempeñar sus funciones de manera segura:** esto puede incluir requerir pruebas médicas o evaluaciones de aptitud, siempre que estén justificadas por la naturaleza del trabajo y no sean discriminatorias.

● **Derecho a formar e instruir de manera continua a sus empleados sobre los riesgos laborales y las medidas de prevención:** asegurándose de que cada trabajador comprenda plenamente los procedimientos y las expectativas de seguridad.

IMPORTANTE

Los empleadores deben proporcionar los equipos de protección personal/individual adecuados y asegurar que estén disponibles en todo momento para los empleados que los necesiten. Además, están obligados a mantener en condiciones óptimas todos los equipos y herramientas utilizadas en la operación diaria para evitar posibles fallos que pudieran provocar accidentes.

La capacitación de los trabajadores es otra responsabilidad crucial. Los empleadores deben garantizar que todos los empleados reciban formación y educación continua relacionada con los riesgos laborales, actualizando regularmente los materiales de capacitación y adaptando su contenido a las necesidades específicas de su actividad.

La formación en PRL es un deber fundamental del empleador con sus trabajadores.

También, es su deber comunicar claramente y de manera oportuna cualquier cambio en los procedimientos de trabajo y las normas de seguridad. Una comunicación efectiva entre la dirección y los empleados es fundamental para un programa de prevención de riesgos exitoso.

Finalmente, los empleadores deben establecer procedimientos claros para la investigación de accidentes y la implementación de medidas correctoras.

Cuando se produce un incidente, es vital no solo abordar las causas inmediatas, sino también realizar un análisis exhaustivo para prevenir la recurrencia futura.

IMPORTANTE

El equilibrio entre derechos y deberes en la prevención de riesgos es esencial para crear un ambiente seguro y saludable. Tanto empleados como empleadores deben trabajar juntos, comprometidos con la tarea común de reducir peligros y fomentar una cultura de seguridad sólida y sostenible. La prevención de riesgos no es un proceso estático; requiere atención constante, adaptación a nuevos desafíos y un compromiso continuo de todas las partes involucradas. Al adherirse a sus derechos y deberes, no solo cumplen con las obligaciones legales, sino que también contribuyen al bienestar general y al éxito de toda la organización.

- -

APLICACIÓN PRÁCTICA

En una planta de procesamiento de alimentos, Marta trabaja en la línea de envasado, donde hay maquinaria con cuchillas automáticas. En una ocasión, un compañero suyo sufrió un corte leve porque los guantes de protección no estaban disponibles ese día y utilizó unos guantes comunes. Además, una de las máquinas había mostrado fallos la semana anterior, pero no fue revisada.

Imagina que formas parte del equipo de prevención de riesgos laborales de esta planta. Has recibido el informe del incidente y debes analizar la situación para tomar medidas.

Considera que el empleador tiene la obligación de proporcionar a todos los trabajadores los equipos de protección individual (EPI) necesarios en función de los riesgos del puesto de trabajo, así como asegurar que estos equipos estén siempre disponibles y en condiciones adecuadas de uso. Además, toda la maquinaria, herramientas y equipos utilizados en las tareas diarias deben mantenerse en perfecto estado, con revisiones periódicas que garanticen su funcionamiento seguro. ¿Qué obligaciones legales ha incumplido la empresa en este caso?

Continúa en página siguiente >>

<< Viene de página anterior

Solución

El hecho de que el trabajador no tuviera acceso a guantes de protección específicos y usara unos no aptos para la tarea demuestra que no se ha garantizado el suministro continuo y suficiente de EPI. Esto vulnera el derecho del trabajador a una protección eficaz frente a los riesgos laborales.

Ignorar los fallos detectados en una máquina y no proceder a su revisión supone un grave riesgo para la seguridad, pudiendo causar lesiones o accidentes más graves.

 TAREA 3

Juan es un operario de una empresa de manufactura de piezas metálicas llamada MetalTec S. A., donde trabaja en el área de corte y moldeado. Lleva 8 años en la empresa y es un trabajador comprometido y eficiente.

Recientemente, Juan ha comenzado a experimentar dolores musculares en la espalda y los hombros, además de un aumento del estrés debido a la carga de trabajo y los turnos prolongados. La empresa, en su afán de aumentar la producción, ha reducido las pausas durante las jornadas y ha limitado las capacitaciones sobre salud y seguridad.

El sindicato, del cual Juan es miembro activo, recibe varias quejas similares de otros trabajadores.

A partir del análisis del entorno laboral de Juan, el comité de seguridad de la empresa y el sindicato detectan:

- Riesgos físicos:

  · Posturas forzadas y repetitivas durante la operación de maquinaria.
  · Ausencia de pausas activas y escasa rotación de tareas.

- Riesgos psicosociales:

  · Sobrecarga de trabajo.

Continúa en página siguiente >>

<< Viene de página anterior

- Jornadas extensas sin descansos adecuados.
- Clima laboral tenso debido a la presión por cumplir metas de producción.

¿Qué acciones impulsarías si fueras un sindicato mediante la negociación colectiva?

¿Qué compromisos debería adoptar la empresa?

¿Cómo se podría llevar el seguimiento?

6. Resumen

La salud laboral es un pilar estratégico para el bienestar de los trabajadores y el rendimiento sostenible de cualquier organización. En un entorno de trabajo cambiante y exigente, la acción sindical se convierte en una herramienta esencial para promover y defender la salud física y mental de quienes integran la fuerza laboral. El objetivo es comprender los elementos clave que definen y protegen la salud en el entorno laboral desde la perspectiva sindical.

Los sindicatos reconocen al trabajador como un ente integral que necesita condiciones saludables para desarrollarse.

Los factores que afectan la salud en el trabajo son determinantes para mejorar la motivación y el rendimiento. Estos factores son:

Tipo de factor	Ejemplos	Consecuencias si no se gestionan
Físicos	Ruido, temperatura, iluminación	Accidentes, fatiga
Ergonómicos	Posturas, equipos inadecuados	Dolencias musculares
Psicosociales	Carga laboral, relaciones, turnos	Estrés, ansiedad, *burnout*

Los sindicatos tienen la encomienda de vigilar estos factores, proponer mejoras y exigir cambios cuando sea necesario. En relación con esto, para evitar males mayores, se está extendiendo el concepto de cultura preventiva, que es el eje de la salud laboral. La prevención debe ser parte estructural de la actividad laboral. Esto requiere:

Acción sindical	Resultado esperado
Capacitación continua	Trabajadores preparados y seguros
Supervisión de condiciones	Reducción de riesgos
Promoción del autocuidado	Responsabilidad compartida

Cumplir los derechos y deberes en prevención es una tarea compartida entre los trabajadores, los sindicatos y la empresa. En la siguiente tabla especificamos qué tienen que cumplir cada uno:

Actor	Derechos	Deberes
Trabajador	Ser informado y protegido	Usar EPI, seguir instrucciones
Empresa	Establecer medidas preventivas	Garantizar medios, condiciones y formación
Sindicato	Vigilar y representar a los trabajadores	Promover la cultura de seguridad

El esquema de actuación sindical ante un riesgo paso a paso es el siguiente:

La salud laboral no es solo un derecho, es también una estrategia de desarrollo para las organizaciones. Los sindicatos, mediante la vigilancia, el diálogo y la acción, garantizan que las condiciones laborales estén alineadas con los principios del bienestar, la seguridad y la productividad.

Ejercicios de autoevaluación
Unidad de Aprendizaje 3

1. ¿Cuáles de los siguientes factores físicos influyen directamente en la salud laboral de los trabajadores? Selecciona las opciones que correspondan.

  a. Iluminación inadecuada
  b. Temperatura extrema
  c. Ruido prolongado
  d. Uso de redes sociales en el trabajo

2. ¿Qué medidas son fundamentales para prevenir los riesgos laborales en una empresa? Selecciona las opciones que correspondan.

  a. Realizar pausas activas y formaciones.
  b. Mantener maquinaria sin revisar.
  c. Evaluación constante del entorno.
  d. Uso correcto de equipos de protección individual (EPI).

3. ¿Qué responsabilidades corresponden a los empleadores en relación con la salud laboral? Selecciona las opciones que correspondan.

  a. Capacitar a sus trabajadores en prevención.
  b. Ignorar riesgos leves si no hay accidentes.
  c. Proporcionar EPI adecuados.
  d. Realizar evaluaciones periódicas de riesgos.

4. Indica si la siguiente oración es verdadera o falsa: "La salud laboral solo se refiere a la ausencia de enfermedades en el entorno de trabajo".

  ■ Verdadero
  ■ Falso

5. ¿Qué documento debe recoger los riesgos y las medidas preventivas en una empresa?

  a. El Estatuto de los Trabajadores
  b. El reglamento sindical

c. La evaluación de riesgos laborales
d. El calendario laboral

6. ¿Quién tiene el derecho a recibir formación en prevención de riesgos laborales?

a. Solo los trabajadores con contrato indefinido.
b. Todos los trabajadores, sin excepción.
c. Solo los delegados sindicales.
d. Solo los mandos intermedios.

7. ¿Qué debe hacer un trabajador si detecta una situación de riesgo grave e inminente?

a. Ignorarla
b. Terminar su tarea antes de avisar
c. Interrumpir su actividad y avisar a un responsable
d. Publicarlo en redes sociales

8. ¿Qué buenas prácticas ayudan a reducir el estrés laboral?

a. Fomentar pausas activas
b. Incentivar el trabajo en solitario
c. Promover la comunicación interna
d. Aplicar jornadas de más de 10 horas para avanzar tareas

9. Indica si la siguiente oración es verdadera o falsa: "Las relaciones interpersonales y el clima laboral no influyen en la salud laboral".

■ Verdadero
■ Falso

10. ¿Cuál de las siguientes acciones contribuye de manera más efectiva a mejorar el ambiente de trabajo y la salud laboral?

a. Establecer jerarquías estrictas y limitar la participación de los empleados en decisiones laborales.
b. Realizar auditorías de salud y seguridad, encuestas de satisfacción y fomentar la participación de todos los niveles en procesos de mejora continua.

c. Ignorar las normativas de salud laboral y mantener los procedimientos tradicionales sin cambios.

d. Enfocarse únicamente en aumentar la productividad, sin considerar la salud o seguridad de los trabajadores.

Glosario

Acción colectiva
Actuación conjunta de los trabajadores para defender sus intereses laborales frente a la empresa o la Administración.

Acción sindical
Conjunto de actuaciones realizadas por los sindicatos para representar y proteger los derechos laborales.

Acoso laboral
Conducta hostil y reiterada hacia un trabajador que afecta su dignidad o integridad.

Afiliación
Proceso mediante el cual un trabajador se inscribe voluntariamente en un sindicato.

Asamblea
Reunión de trabajadores para debatir y tomar decisiones colectivas sobre asuntos laborales.

Bienestar laboral
Estado en el que el trabajador se siente satisfecho física, mental y socialmente en su entorno de trabajo.

Comité de empresa
Órgano de representación elegido por los trabajadores en empresas de cierto tamaño.

Compensación
Beneficios económicos o sociales que recibe un trabajador por su labor, además del salario.

Conciliación
Proceso para resolver conflictos laborales de forma amistosa antes de acudir a instancias judiciales.

Conflicto laboral
Situación de desacuerdo entre trabajadores y empleadores sobre condiciones de trabajo.

Contrato colectivo
Acuerdo entre una empresa y un sindicato sobre condiciones laborales comunes para los empleados.

Convenio colectivo
Acuerdo legal entre representantes de trabajadores y empleadores que regula condiciones laborales.

Coordinación sindical
Colaboración entre distintas organizaciones sindicales para lograr objetivos comunes.

Delegado sindical
Representante de un sindicato dentro de una empresa, elegido por los trabajadores afiliados.

Derechos laborales
Conjunto de normas que protegen al trabajador en el desarrollo de su actividad profesional.

Despido
Extinción del contrato laboral por decisión unilateral del empleador.

Diálogo social
Comunicación entre sindicatos, empresas y Gobiernos para mejorar las relaciones laborales.

EPI (equipo de protección individual)
Dispositivo o prenda que protege al trabajador frente a riesgos laborales.

Estatuto de los Trabajadores
Ley que regula los derechos y deberes básicos de trabajadores y empleadores en España.

Evaluación de riesgos
Proceso de identificación y análisis de peligros en el entorno laboral.

Formación en PRL
Enseñanza dirigida a trabajadores sobre prevención de riesgos laborales.

Huelga
Derecho de los trabajadores a cesar temporalmente su actividad para reivindicar mejoras laborales.

Igualdad laboral
Principio que garantiza trato y oportunidades equitativas a todos los trabajadores.

Información laboral
Datos relevantes sobre las condiciones, derechos y obligaciones en el empleo.

Inspección de Trabajo
Organismo público que supervisa el cumplimiento de la normativa laboral.

Jornada laboral
Tiempo diario o semanal que un trabajador dedica a su actividad profesional.

Legislación laboral
Conjunto de normas que regulan las relaciones entre empleadores y trabajadores.

Libertad sindical
Derecho del trabajador a fundar, afiliarse o no a un sindicato libremente.

Mantenimiento preventivo
Revisión y cuidado periódico de equipos y maquinaria para evitar fallos.

Mediación
Intervención de una tercera parte para facilitar un acuerdo en conflictos laborales.

Negociación colectiva
Proceso entre empleadores y representantes sindicales para acordar condiciones laborales.

Organización sindical
Entidad formada por trabajadores que se agrupan para defender sus derechos laborales.

Participación
Implicación activa de los trabajadores en la toma de decisiones que afectan al trabajo.

Plan de prevención
Documento que recoge las medidas para evitar riesgos laborales en una empresa.

Plataforma sindical
Conjunto de propuestas que un sindicato presenta en una negociación colectiva.

Prevención de riesgos
Conjunto de medidas para evitar accidentes y enfermedades en el trabajo.

Protocolo de acoso
Procedimiento establecido por la empresa para actuar ante situaciones de acoso laboral.

Reclamación laboral
Acción formal que presenta un trabajador para exigir el respeto de sus derechos.

Reconocimiento médico
Examen de salud realizado al trabajador para evaluar su estado físico y prevenir riesgos.

Representación
Acción de actuar en nombre de los trabajadores en asuntos laborales.

Representante legal
Persona designada para actuar en nombre de los trabajadores en procedimientos oficiales.

Responsabilidad empresarial
Obligación del empleador de cumplir la legislación laboral y proteger a sus empleados.

Riesgos laborales
Posibles daños o enfermedades derivados del trabajo.

Salud laboral
Estado de bienestar físico, mental y social del trabajador en su entorno laboral.

Seguridad en el trabajo
Condiciones que garantizan la protección de la integridad del trabajador.

Sección sindical
Unidad organizativa de un sindicato dentro de una empresa concreta.

Sindicalismo
Movimiento social que defiende los intereses de los trabajadores mediante la acción organizada.

Sindicato
Organización de trabajadores que representa sus intereses y derechos laborales.

Siniestro laboral
Accidente ocurrido durante o por causa del trabajo.

Supervisión
Control del cumplimiento de normas, procedimientos y condiciones de trabajo.

Turno de trabajo
Horario asignado al trabajador dentro de la organización de la empresa.

Vigilancia de la salud
Conjunto de actuaciones para controlar el estado de salud de los trabajadores de forma periódica.

Bibliografía

Monografías

→ BAYLOS Grau, A.: *Derecho del trabajo. Relaciones laborales individuales y colectivas*. Valencia: Tirant lo Blanch, 2018.

Obra clave sobre la estructura y función del derecho del trabajo en España, incluyendo negociación colectiva y acción sindical.

→ FERNÁNDEZ López, M.: *Manual de relaciones laborales: organización sindical y negociación colectiva*. Madrid: Ediciones Pirámide, 2020.

Trata de forma didáctica la representación de los trabajadores y la acción colectiva en la empresa.

→ MARTÍN Valverde, A. y RODRÍGUEZ-SAÑUDO Gutiérrez, F.: *Manual de Derecho del Trabajo y de la Seguridad Social*. Madrid: Tecnos, 2019.

Incluye un enfoque amplio sobre salud laboral, prevención de riesgos y el papel de los sindicatos.

→ REAL, T.: *Salud laboral y prevención de riesgos: una aproximación práctica*. Barcelona: UOC Editorial, 2017.

Analiza la dimensión preventiva en el trabajo y su vinculación con la acción sindical.

→ TODOLÍ Signes, A.: *Representación de los trabajadores en la empresa: derechos, límites y mecanismos de actuación*. Valencia: Tirant lo Blanch, 2021.

Profundiza en la participación sindical en la empresa y el control del cumplimiento normativo.

Legislación

→ Ley 21/1997, de 3 de julio, sobre representación de los trabajadores en las empresas europeas.

Regula la representación en comités de empresa europeos.

→ Ley 31/1995, de 8 de noviembre, de Prevención de Riesgos Laborales (LPRL).

Norma marco sobre seguridad y salud en el trabajo.

→ Ley Orgánica 11/1985, de 2 de agosto, de Libertad Sindical (LOLS).

Regula el derecho a sindicarse y la acción sindical en la empresa.

→ Real Decreto 901/2020, de 13 de octubre, por el que se regulan los planes de igualdad y su registro.

Normativa específica sobre salud laboral y prevención de riesgos.

→ Real Decreto Legislativo 2/2015, de 23 de octubre, por el que se aprueba el texto refundido del Estatuto de los Trabajadores (ET).

Especialmente el título II (representación colectiva) y título III (negociación colectiva).

→ Real Decreto 374/2001, de 6 de abril, sobre la protección de la salud y la seguridad de los trabajadores contra los riesgos relacionados con los agentes químicos durante el trabajo.

Fundamental para sectores con manipulación de sustancias peligrosas.

→ Real Decreto 1299/2006, de 10 de noviembre, por el que se aprueba el cuadro de enfermedades profesionales en el sistema de la Seguridad Social.

Enumera y clasifica las enfermedades profesionales reconocidas.

→ Real Decreto 604/2006, de 19 de mayo, sobre vigilancia de la salud.

Regula la vigilancia médica del personal expuesto a riesgos específicos.

→ Real Decreto 39/1997, de 17 de enero, por el que se aprueba el Reglamento de los Servicios de Prevención.

Regula la organización de la prevención dentro de la empresa.

→ Real Decreto 486/1997, de 14 de abril, sobre disposiciones mínimas de seguridad y salud en los lugares de trabajo.

Establece condiciones físicas mínimas en espacios laborales.

→ Real Decreto 773/1997, de 30 de mayo, sobre utilización por los trabajadores de los equipos de protección individual (EPI).

Detalla las obligaciones empresariales sobre suministro y mantenimiento de EPI.

→ Real Decreto 488/1997, de 14 de abril, sobre trabajo con pantallas de visualización.

Regula la salud laboral en oficinas y trabajos administrativos.